日垣 隆

すぐに稼げる文章術

GS 幻冬舎新書 014

すぐに稼げる文章術＊目次

2)／板坂元『考える技術・書く技術』(正・続)／佐藤郁哉『フィールドワークの技法』／日垣隆『売文生活』／同前『知的ストレッチ入門』／丸山健二『まだ見ぬ書き手へ』／小池和男『聞きとりの作法』／『見城徹　編集者　魂の戦士』／野口悠紀雄『ゴールドラッシュの「超」ビジネスモデル』／梅田望夫『ウェブ進化論』／勝吉章『月1千万円稼げるネットショップ「売れる」秘訣は文章力だ！』／歌川令三『新聞がなくなる日』／小林雅一『コンテンツ消滅』／ウンベルト・エコ『論文作法』／講談社校閲局編『日本語の正しい表記と用語の辞典』／三省堂編修所編『新しい国語表記ハンドブック』／日本エディタースクール編『校正記号の使い方』

あとがき　208

第1章 「どう書くか」より「どう読まれるか」

まず完成品をイメージする

携帯メール、仕事上のメール、ブログ、ネットオークション、パーティーの招待状、会社に提出する企画書や稟議書《りんぎ》、日報、恋人への言い訳——。私たちが文章を書く機会は、ますます増えています。いざ文章を書き始めようというとき、多くの人は頭をひねってウンウンうなりながら「どう書くか」を最初に考えてしまうのではないでしょうか。しかし、**本来最優先して考えなければならないことは、「どう書くか」より、文章が「どう読まれるか」**ということのほうです。

例えば書評では、自分が本を推したいという気持ちをただ書いているだけでは自己満足の文章に終わってしまいます。それよりも、書評を読んだ人が実際に本を買いに走ってくれるかどうか、あるいは書評自体がエッセイとして楽しめるかどうかを念頭に置いて文章を書くことのほうが、ずっとずっと大切です。

私にも、読むのを楽しみにしているブログがいくつかあります。読んでいて楽しいブログは、**「～の問題について、本当のところはどうなのか」**ということがわかるものです。テレビの情報番組やワイドショーを観ていると、思いつきでコメントしているような人が少なからずいます。そんな人は視聴者から飽きられてしまいますよね。視聴者は、焦点となっている旬なテーマについて、通り一遍のコメントではなく、ズバリ本質はどうなのかを一番知りたがっているわけです。

皆さんが視聴者や読者として、本質がよくわからないような問題があれば、そのテーマについて自分で書いたり考えたりしてみるといいでしょう。「本当のところはどうなのか」という問いに答えられるかどうかは、公《おおやけ》に文章を書くことの（とくに小説ではない分野では）基本に関わるのです。

文章に限らずイスでも机でも料理でも、何かを作るときには完成した形をイメージしなければできあがりません。毎日何本も文章を書いているプロや、大工さんのように身体で仕事を覚えている職人は、頭で考えなくても自然に身体が動くということはあるかもしれません。しかしそうでない限りは、作られた状態を明確にイメージし、「私はモノを作っているのだ」という意識をもったほうがいい。自分が屋根を作っているのか柱を作っているのか、牛小屋を作っているのか厩舎《きゅうしゃ》を作っているのかわからない状態でノコギリを使い始めても、うまく完成するわけがありません。

文章を書くということは、犬小屋を自分で建てるようなものなのです。犬小屋を建てるときには、屋根や柱を作ろうとか、中に毛布を敷けるようにしようなどと考えなければなりません。犬の大きさも念頭に置かなければならないでしょう。せっかく犬小屋を作っても、犬が入れなかったり狭すぎたりしたら元も子もありませんからね。どんなプロセスで作ってもいいのですが、最終的に使いやすい犬小屋として完成しなければいけない。文章もそれと同じことなのです。

完成品の構造を意識しなければ、読ませる文章は書きえません。恥をしのんで、かつて自分が執筆した一文を例として掲げます。

定義と根拠を示す

《――「日本のお金持ち」ブームの正体――

どうやら最近、「お金持ち」ブームである。「文藝春秋」も「アエラ」も特集を組んだ。『日本のお金持ち研究』（日本経済新聞社）という至極まじめな研究書が、その牽引役を果たしている。〈中略〉それにしても、「お金持ち」を定義するのは難しい。1ランク上の「大金持ち」は、一昔前なら日本では億万長者、中国では万元戸、英米ではミリオネアと呼ばれていた。が、今どき一億円、一万元、一〇〇万ドル程度の金融資産をもっていても、なかなか外からは見分けがつかない。》（日垣隆「日刊ゲンダイ」2005年8月5日）

自分で解説するのもなんですが、「最近お金持ちブームである」などと言っている人は2005年8月の時点では、ほとんど誰もいませんでした。そのわりにはずいぶんさりげなく書いていますよね。これを「私見によれば、お金持ちブームが起きつつある」とか「今年の末の流行語大賞になるのではないか」などと書き始めてしまったら、非常に下品な文章になってしまうでしょう。**文章の書き出しをどうするか**ということについては、神経を使わなければなりません。

言葉を定義することも肝要です。小泉首相時代に「郵政の民営化」と言ったときに、そもそも「民営化」とは何なのか、ソ連に民営化はあったのか、今中国で起きていることは民営化ではないのか……などと考えてみてください。

中国の民営化とは、農民が工場で働くようになることです。中国が社会主義体制だった時代には、国民の約95%が農民でした。国民のほとんど全員が公務員のような国だったのです。その農民たちがこの5年ほどで、急激に工場労働者へと変貌しています。農民が都市部へ出ていき、労働者として単価の安い工場生産品を作るというメカニズムですね。明治維新後、日本では殖産興業が推進されました。その近代化の成立過程とまったく同じことが、現在の中国で起きているのです。

ソ連では、もともと東欧に製品を輸出する工場労働者が大勢いました。ですからソ連の民営化と中国の民営化は、同じ共産主義体制の国家でも性質がまったく異なります。中国の民営化では、農民が工場生産者になるのでコストは安い。他方、ソ連の民営化においては国営企業に勤めていた人が民間企業に移るだけなので、賃金も上がらないし労働意欲も高まらない。当然生産性も上がりません。そのせいでソ連は苦しみ、中国がどんどん市場を獲得していったわけです。

——とまあ、このように考えたことを文章にしていけば良いのです。**文章を書くときに**

は、①まず歴史に遡《さかのぼ》る、②他国の例と比較する、この2つは必ず押さえておくべき方法論です。

ありふれた言葉にご用心

私は先ほどの例文で《「お金持ち」を定義するのは難しい》と書きました。「お金持ち」という言葉そのものは、決して難しい言葉ではありません。誰でも知っている言葉ですよね。一方、ぱっと聞いても普通の人はほとんど意味がわからない言葉もあります。例えば「ポートフォリオ」という言葉など、どういう意味なのか説明しなければ専門家以外の人にはわからないはずです。「ポートフォリオ」のように**難しい言葉を必ず定義する**ことは、皆さんもなかなか忘れないことでしょう。しかし「民営化」のように**簡単な言葉を定義する**ことは忘れてしまいがちです。

小泉純一郎前首相が提唱した「民営化」とは、「公務員が民間の仕事を奪うことが、不景気の原因になるのだ」という発想から出てきました。つまり「民間にできることは民間に任せよう」ということですね。ところが郵政省は日本郵政公社として2007年まで存続しているわけですし、2007年以降も宅配便会社や銀行にとっては民間の仕事を奪う嫌な存在であることには変わりありません。当初小泉さんが提唱していた「郵政民営化」とは、まったく違った〝改革〟がなされてしまったわけです。

郵政民営化についてニュースが流れるときには、細かい解説などなされることはめったにありません。「民営化とはそもそも何なのだろう」ということが検証されることはありませんから、ニュースを見ていると小泉改革になんとなく同意してしまいがちです。そこを敢《あ》えて突っこみ、あたりまえのように広く理解されている言葉について改めて定義してみる。すると、文章を書ける可能性が生まれてくるでしょう。

「お金持ち」という言葉は、「民営化」よりももっとありふれた言葉です。「お金持ち」という言葉を自分の人生のどんな場面で使ったかということについて考えれば、それだけで文章が書けます。そもそもお金持ちとそうでない人のラインをどこで引くのか、と定義してみれば、別の文章が書けるでしょう。**難しい言葉だけではなく、簡単な言葉についても改めて腰を据えて考えてみる。**そのことが文章の可能性を広げていきます。

先ほどの私の例文は、次のように締めくくっています。

《国税庁の調査によれば、年収二〇〇〇万円以上のサラリーマンは四四六六万人中の約一八万人、つまり〇・四％でしかない。非サラリーマンを含めて、ようやく一％になる。日銀金融広報中央委によれば、五〇〇〇万円超の金融資産を有する世帯は全体の三％に達した。

他方で、年収四〇〇万円以下の割合は全世帯の五四％！

要するに格差が広がっているか、格差の存在が歴然としてきたか、のいずれかであり、どちら側の課税をより強化しようか、という大問題が浮上しているわけである。》

ここ2～3年に出た出版物では、年収2000万円以上の人をお金持ちと定義するものが散見されます。年収2000万円以上の人は、サラリーマン全体のたった0・4％に過ぎません。0・4％ということは、200人の知り合いのうち1人くらいしかいないということです。一方、総務省がお金持ちや資産家と考えているのは5000万円を超える金融資産（現金や株や有価証券）をもっている世帯で、全体の3％程度です。

年収300万円でもリッチな暮らしはできます。一方年収2000万円で大きなマンションに住んでいても、住居費だけに1000万円もかかっているとか、子どもの教育費にものすごくお金がかかって実はそんなに豊かでないということは充分ありえます。このように数字や定義、根拠を示していくだけでも文章に大きな広がりが生まれます。

それからあたりまえのことですが、**①問題提起、②全体を締める最後の言葉を決めなければ文章がまとまりません。**《要するに》以下の最後の2行を注意してごらんになるとわかるように、これはいわゆる「起承転結」の「結」ではありません。「起承転」を全然受けていませんからね。

起承転結で文章を締める、つまり文章の中で書いてきたことを「結」の部分で完全にきっちり受けてまとめてしまえば、文章は終わりはします。けれども、では2行で言えることをなぜダラダラ書いてきたのか、という話になりかねません。**文章の結論は、少し飛躍させたほうが締まりが良くなります。**読み手に「考える快感」をもたらすからです。

最近、勝ち組と負け組が二層分化しているという議論がたくさん出ています。勝ち組と負け組の格差が二層分化している、というところだけでとどめてしまえば平凡な結論になってしまいます。しかしお金持ちとそうでない人のどちらから税金を取るかということが一番大事な話なのではないか、と締めれば変化球になりますよね。そういう意味で、この文章は素直に最後を締めているわけではありません。

読者が前向きに考える余地を、文章の中にきちんと残す。このことは意外に大切なことだと思います。

仮説を立てて問題を解く

文章を書く際に仮説を立てる。あたりまえのことなのに、残念ながらこれは、誰もがやっている方法ではないように思います。文章を書くということは、謎解きと同じだと思ってみてください。何か切実な問題を設定し、それを文章の中で解いてゆくということです。日記は「自分とは何なのか。自分は何のために生まれてきて何をしたい人間なのか」という謎を解くために書くものだと言えますし、絶縁状を突きつけることは「この人と別れて本当に自分は幸せになれるのか」という仮説を確認するようなものです。

どんな私的な手紙やメールにしても、仕事で書く企画書にしても同じことです。コンペで出す企画書では、「あなた方がこの企画書を採用すればとても幸せになりますよ。少なくとも、必ず上司に褒《ほ》められます」ということを示すわけですよね。問題や仮説を設定し、根拠を与えながら解いてゆく。このことは、文章を書くうえでの大原則です。

次の文章も、私の本に出てくるものです。

《――四〇〇字詰め原稿用紙の誕生――

では、いつごろから「四〇〇字詰め」が誕生し、それが主流になっていくのでしょうか。

生原稿の実物を見ながら数えると、芥川龍之介の「蜘蛛の糸」（「赤い鳥」大正七年七月号）も、谷崎潤一郎「痴人の愛」（「大阪朝日新聞」大正一三年三月二〇日から同年六月一四日まで連載）も二〇字×二〇行の原稿用紙に書かれています。》（日垣隆『売文生活』ちくま新書）

「400字詰め原稿用紙で10枚」とか「400字につき原稿料が1万円」という言い方は、プロの世界に限らずよくされます。原稿をカウントするときに「40字詰め×23行」などと、パソコンやワープロの画面で計算することもありますよね。

私が中学生のときに、修学旅行の感想文を全員が原稿用紙50枚で提出するという課題がありました。当時までは公立中学校の全員に50枚の感想文を書かせることが成立しえましたが、今は全然無理ですよね。文章を書く機会や必要性が、当時より減っているということとはまったくありません。むしろ今のほうが、かつてより文章を書く能力はよほど必要になってきている。そのようなギャップが、教育現場や職場で齟齬《そご》をきたしているのだと思います。

先の例文の冒頭で私は、「では、いつごろから」と問題設定しました。私は400字詰め原稿用紙で枚数を計算する世界に入って、19年目になります。20年近く経《た》ってようやくこの疑問が浮かんだくらいですから、誰でもいきなり最初から出てくる疑問ではないのかもしれません。

電車の事故が起きたとき、人は「地下鉄が5分くらい遅れたっていいじゃないか」と言います。でも会社に遅刻しそうなときには、「電車が遅れているって？　冗談じゃない！」と怒るものです。「そもそも、定刻に電車が発車するようになったのはいつからなのだろう」とは、疑問としてすぐに出てくるものではないのでしょう。例えば会社の採用を増やすことになったときに、「採用とはそもそも何なのか」と考えてみる。**身のまわりの出来事を、ちょっと振り返って考える習慣をつけておいたほうがいい**と思います。こんなことを問題提起したら笑われてしまうのではないか？　というようなことも、どんどん考えていったほうが良いのです。

先の一文は、次のように続いてゆきます。

《実際には大正四年から八年にかけて、多様な字詰めから四〇〇字詰め原稿用紙へと移行していくことがわかります。

遅くとも大正八年までには「四〇〇字」が標準になっていたと私が推定する根拠は、例えば明治一五年生まれの生方敏郎が、《一枚というのは二十行二十字詰である》と、文壇の常識を「大正八年夏の世相」として解説していることなどによります。〔中略〕

大正四年ころから八年にかけて四〇〇字詰め原稿用紙が主流になっていく理由は、結局のところ、明治時代に登場した新聞小説は掲載時には一五字から二五字まで試行錯誤したのだけれども、原稿用紙を媒体ごとに変えるのは不合理となり、市販のものとしてはキリのいい「二〇字詰め」になったという事情もさることながら、より本質的には、売文が職業として成立したためです。》

「根拠は——」「理由は——」と説明していますが、冒頭でなぜ？　と問題提起した以上は、**文章の中で根拠や理由を示さなければなりません。**

この文章は以下のように締めくくられます。

《新聞や雑誌が近代的商売として充分採算がとれるようになり、他方で売文生活が確立されていく、ということはすなわち、その単位が標準化されなければなりません。その単価が「四〇〇字詰め原稿用紙一枚あたり」だったのです。それまでは、道楽であったり、せいぜい一篇いくらで支払いがなされていたのでした。職業的文士である漱石らが、そのような単価を気にしなくて済んだのは、新聞社から給料をもらう人だったからにほかなりません。》

私は『売文生活』で原稿料の単価について書くに当たり、夏目漱石は何文字詰めの原稿用紙で書いていたのか、島崎藤村はどうだったのか……と具体的にすべて自分で調べてゆきました。調査を進めてゆくうちに、文章を書くことが商売として成立し始めた当時には、文章の単価そのものが決まっていなかったことがわかりました。単価が決まっていなければ、お金の払いようがありませんよね。

しかし、読売新聞や朝日新聞が商売として成立し、作家に原稿を頼む場面が生じてくると、単価を設定しないわけにはいきません。単価が生じなければ近代化は成立しませんし、そもそも単価がないものは商品ではないということです。「単価がないものは商品ではない」と今簡単に書きましたが、このことも文章の素材になりますよね。

100億円の製作費をかけて作った映画も100万円かけて作ったものも、映画館の入場料は1800円です。映画の単価は、製作費とパラレルに上下するわけではありません。原稿を書くときに、ものすごく取材した人とさらさらと書いた人はエネルギーもコストもまったく違うのですが、原稿料の単価は等しい。理不尽ではありますが、商品が成立するというのはそういうことなのです。ですから先の例文の最後では、単価について押さえておきました。

個人的なテーマを広げながら書く

《――時は金なの？――

二〇世紀が二一世紀にかわるとき、私は二人の子どもを連れてアフリカの最高峰キリマンジャロのふもとにあるロッジにいた。そこに宿泊していたのは八カ国から来た八家族。ミレニアムを祝おうと裏山にのぼり、時計を見ながら、まずニュージーランドの二一世紀突入を祝い、その四時間後には日本の、さらにスイスとデンマーク……と、同じ場所に居合わせた国籍の違うファミリーが祝杯し合った。〔中略〕

それ以降ますます、例えば急いでいる運転手の時間、それぞれの客の時間、あるいは子どもたち一人ひとりの時間が、主観的にもかなり違っていることを意識するようになった。》（日垣隆「中日新聞」２００５年5月30日夕刊）

ここでは、個人的な題材を枕として文章を書いています。自分の体験をある程度据えながら（自分の体験だけで最後まで行ってしまうとヤバいですが）、**①その体験がどれだけ普遍性をもつか検証する、②読者が異論を挟もうが共感しようが、個人的な体験に対してどれだけ距離を取れるか、③「それがどうしたの？」というような素朴な疑問に答えられるようにしていく、ということが文章成立のポイントになります。**

先の例文は、以下のように締めくくられます。

《私たち日本人は、世界の平均よりはおそらく、せわしく動き回っている。一分一秒を争う、という機敏性なしに一〇〇億円も給料をもらうサラリーマンは誕生しえない。
そのことは、否定すべきことなのか、誇るべきことなのか。》

「～なのか、～なのか」と続けて問題提起をしています。同じ文章の中で読者に2回以上疑問を突きつけると「お前は何様のつもりだ」という話になりかねません。私は日本人がせわしく動きまわっていることを誇るべきだと思っていますので、「否定すべき」というほうではなく「誇るべき」というところへ誘導したいと内心は思っています。しかしそこは敢えて、疑問として読者に突きつけることにしました。私の文章を読んだ人のうち4割ぐらいが「否定すべき」と誤読してしまってもかまいません。誤読されるリスクよりも、読者に疑問を突きつけることのメリットを優先したのです。

「電車が遅れない」ということと「無謀な運転をして安全管理がなっていない」ということは、まったく別問題です。電車が予定よりゆっくり走ってダイヤがめちゃくちゃになってしまえば、事故などボロボロ出るでしょう。JR福知山線の事故（2005年）は、ガチガチに組まれたダイヤを守るために運転手が猛スピードを出したことが原因で起きてしまいました。あの事故をきっかけに、時間を守ることの大切さについてまでをもすべて覆してしまうのは、非常におかしいと私は思います。

先の原稿を書いている当時は、「時間の正確さは大事ではない」とする論調があらわでした。そういうときは、むしろ疑問を突きつけることで読者に考えてもらいたいと思ったのです。「さて自分はどっちの意見なのだろう？」と素直に考え始めてくれる読者と「日垣はどっちの意見なのだろう？」と考える読者とそれぞれでしょう。とにかく**読者に立ち止まってもらいたいときには、文章の中で疑問を投げかける**ことが効果的です。

文章はさらに続きます。

《そもそも近代化とは、例えば横浜で生糸相場が高騰したことを逸早く聞きつけ、一時間でも早く現物をもちこむ、というまさに「時は金なり」で成立したのである。

厚顔無恥にも、「一分二分の遅れを問題にするのは世界中で日本だけだ」と主張するテレビ・コメンテーターが、確認できただけで五人もいた。あなたが出ているテレビは、一〇分の一秒単位で運営されているのではないのか？

あくまで、一分半の遅れを取り戻そうとすることが、結果的に乗客の安全より優先されてしまった、ということが今回も正されるべき根本問題なのである。》

疑問を2つ突きつけた後で「そもそも～」と文章を続けています。読者に疑問をもたせたうえでこちらの土俵に引き寄せるためには、**「そもそも」**という言葉の使い方は有効です。

うならせる書評

次は、関川夏央さんの書評を例として挙げたいと思います。紹介しているのは高島俊男著『本が好き、悪口言うのはもっと好き』（大和書房、後に文春文庫）です。

《「呆然」はなぜ「ぼうぜん」と読むか。「呆」の字は元来「たい」か「がい」としか読めないはずだが。「チャイナ」や「シーヌ」は大丈夫でも、「支那《シナ》」がはばかられるのはどうしてか。一方、「中国」の「中」にはどんな意味がこめられているのか。

普段ヘンだなと感じていても、「よみくせ」という慣例に任せているものがある。長年心の隅にしこりながら多数派の勢いに流され従っていることがある。皮肉と悪口をしこたまじえつつ、その謎《なぞ》を解いてくれる本、同時に平均的一般教養の持ち主なら、いく度も微苦笑できるユーモア読み物でもある。まさに一冊で二度苦くて甘い。》（関川夏央「朝日新聞」1995年4月9日）

「支那」が憚《はばか》られるのはどうしてかということは、多くの人が興味をもつテーマでしょう。しかし普通の人は「呆」の字を「たい」とか「がい」と読めるわけがありません。関川さんはいい意味で非常にひねくれており、こういうことをすんなり書いてしまうのが彼らしいと思います。

この本の冒頭でも申し上げましたが、**書評とは①本を買いに走りたくなる、②エッセイ自体がおもしろい、そのどちらかの要素を満たさなくてはなりません。**その意味で、関川さんの文章は書評のお手本のような名文です。関川さんは、団塊の世代で最も秀逸な名文家です。ついでながら、「名文家」と多くの人から評されているような人は、さぞかし大変だろうと思いますよ。書くものが常に「名文」と言われる水準をクリアしなければいけませんからね。

この書評は、次のように締めくくられています。

《「鼻はまちがいなく二十世紀末日本の空気を吐呑して」いても、「魂魄は」遠い昔を「さまよっている」著者は、大学教師を辞め、隠棲して勉強ばかりしている。ゆえに貧乏だ。「親も無し妻無し子無し版木無し金も無ければ死にたくも無し」といったのは「六無斎」と号した林子平だが、高島先生も「版木」以外は同じ境遇、おなじ気分であるらしい。

学識、日本語ともに立派な小言幸兵衛ではあるけれど、ひねくれ加減の度がすぎてきれいに一回転、健康な病人または不機嫌なユーモリストという、奇妙かつ得がたい人格的魅力がこの本からたちのぼる。》

70文字程度の長い一文をもってきたうえで、《ゆえに貧乏だ》と敢えて短い文章で締めています。実にうまいですね。ここで「従って」「だから」などと文章を継いでしまうと、冗漫になってしまいます。**短い文章の前をわざと長くしてリズムをつける工夫**をしてみてください。

おもしろい文章の正体

電車に乗っていると、女子高生が4人くらいでワイワイしゃべっていることがよくあります。まわりは明らかに迷惑をしているのに、本人たちはまったく関知せずに大声でしゃべり続けている。駅に着くと「バイバ～イ！」と言ってみんなと別れ、1人だけ電車の中に残った女子高生は急にシーンとなってしまいます。女子高生はまわりの乗客からにらまれ、彼女は人に迷惑をかけていたことが初めてわかり、恥ずかしくなっている——。そういうおもしろい様子を見ることを趣味にしている人は、少なからずいるのではないかと思います。

そんな女子高生のことを文章にし、「そういうの、あるある」「なるほどねえ」と読者に共感してもらうためには、観察力を身につけることが最も必要なこととなります。

観察力があるかどうかは、文章力があるかどうかとイコールの関係だと言って良いでしょう。「エンタの神様」などをテレビで観ていますと、お笑い芸人は私たちの日常生活でいかにもありそうなことをネタにして笑いを取っています。観ている人が「そういうの、あるある」と共感できるので、笑えるのです。文章についても同じことで、「へえ」「なるほど」と読者が共感し、おもしろいと思われる文章を書くためには、観察力がなければなりません。

グーグルはＩＴ企業の中で評価額が最高に近く、総資産額は10兆円を優に突破していま す。グーグルが提供している検索サービスはタダで使えるのに、どうして儲《もう》かるのか。

①グーグルをまったく知らない人、②グーグルは知っているけれどどうして儲かるのかはわからない人、③ＩＴ企業についてのプロ、の**3種類の読者を想定して全員に「なるほど」と言わせるものを書くためには、観察力が必要**です。ネットオークションや通信販売で商品の宣伝文句を書くにしても、どんなお客さんがいるのかを念頭に置かなければうまい宣伝文句は書けません。

おもしろい文章を書くための訓練として、**悪文を批評してみる**のも良いでしょう。「本当に良い文章だ」と思うものを5つ、それから「これはひどいなあ」と思う文章を5つ挙げてみます。どうして5つが良いと思い、別の5つがまずいと思ったのかを、自分の中で言語化してみるのです。5つの文章がなぜひどい悪文なのか自分の中で理解できていなければ、自分が文章を書いたときにその悪文と同じ轍《てつ》を踏んでしまうでしょう。

野球やサッカーを観ながら、テレビに向かって「こんなのはミスジャッジだろう！」「ストライクじゃねえだろう！」などと怒鳴っている人がよくいます。プロの審判の仕事に対して、素人が文句をつけているわけです。明らかにボールなのにストライクだとジャッジされた場合、監督がベンチから出てきて文句を言ったりすることもあります。プロの審判は99・9％正しい仕事をやっているはずですし、少なくとも素人がストライクかボールかを判定するよりは正確に違いありません。けれども、テレビを観て怒っている人は、審判よりも自分のほうが正確な判断をしていると信じこんでいる。自分が99・9％正しい審判ができているかどうか、間違ったジャッジをする可能性があるのかどうかについては、なかなか考えられないわけです。

文章についても同じことで、人の粗《あら》はよく見えるのに、いざ自分が書く段になると同じ轍を踏んでしまうことは大いにありえます。そういう人は、文章のどこが悪いのかということを論理的に表現できていないし、理解できていないのです。

また、**本来無関係な2つのことを結びつける力が文章力であり、おもしろい文章の実態**であるということも銘記しておきたいと思います。ありきたりな言葉でありきたりなことを書いたり、誰にも予想がつくようなことを書いてもおもしろくありません。意外性がなければおもしろくもなんともない。**おもしろい文章の実態とは、本来結びつかない2つのことを結びつけること**なのです。

「読ませる」ための7つのポイント

文章を書く目的には、問題解決を図ることもあります。会社の売上目標を達成するために企画を通したい、道路の渋滞を解消しよう、地震に堪える建築をする——何か問題解決をするために、人に向けて文章をプレゼンテーションします。そのときに、本来つながらないものを2つにつなげる修辞が功を奏するのです。

独りよがりにならず、私的な問題提起を公的な文章として昇華させていけるか。たくさんの人に読んでもらうために、多角的な視点を文章に交えられるかどうかが問題です。

では、3～5種類の読者層に説得力をもつ文章を書くために、どんなことを念頭に置いたら良いのでしょうか。文章を書く視点について、7つのポイントにまとめておきたいと思います。

①自分の体験や見聞を挙げてみる

例えば参議院で郵政民営化についてもめていることを文章にしたいと思ったときに、「自分が小学校のときにはこうだった」と私的なことを書いてもかまいません。

②現在起きている例を3つ程度は挙げてみる

「小泉さんや中曽根さんは〜というコメントをしている」などと、具体的な例を挙げてみることです。

③横軸としての比較

④縦軸としての歴史検証

戦前はどうだったか、明治時代はどうだったか、今起きていることが歴史的に特殊なことなのか、ヨソの人や組織や他国と比較して特殊なことなのかどうかを調べましょう。

例えば自分がみんなの前で両親から罵倒《ばとう》されてしまったとします。両親はいつでも子どもを怒鳴り散らすような人なのか、それとも普段はすごく穏やかなのに10年ぶりに烈火の如く怒ったのか、前者と後者では「怒った」ということの意味がまったく違ってきます。

昨日もおとといも10回怒っているのか、それとも過去10年間1度も怒ったことがないのか。大げさに言えば、そんなことでも歴史的に遡るということですね。

上司に怒られたことについても、ほかの上司と比べてどういう怒り方をされたのかを検証しなければ、なぜその人が怒っているのか正確には理解できません。論理的な文章を書くうえでは、この③④は最低限押さえなければならない大切なポイントです。

⑤反論を想定する

自問自答と同じことです。なるべく意地悪な、あるいは本質的な反論を用意できるかどうか。要するに、自分の中に他者をどれだけ想定できるか、ということです。

⑥論点を整理する

靖国問題でしたら100個くらいはポイントがあるにしても、3点にまとめてみましょう。それ以外の細かいことは、全部その3点の中に入れてしまえばいいのです。

⑦できたら専門家の意見も取り入れてみる

①〜⑦の視点を取り入れることによって、私的な文章を「読者をうならせる」文章に昇華させる道が大きく開かれるはずです。

これだけは気をつけたい基本の基

①接続詞の多用に注意

「そして」「また」「しかし」など接続詞は、箇条書きの文章をツギハギするときに使ってしまいます。文章を箇条書きのように冗漫なものにしないために、接続詞はできるだけ多用せずに減らしていく必要があります。逆接の接続詞を入れなければ逆さまの意味に取られかねない場合に限って、最低限の接続詞を使う。接続詞は文章の構造上、誤解を解くために使う程度にしたほうが良いでしょう。

②「です」「ます」調は大リーグ養成ギプス

試しに、文章を敢えて「です」「ます」調で書いてみてはいかがでしょうか。なぜ「です」「ます」調のほうが「である」調よりも難しいかというと、前者は語尾が「です」と

「ます」だけが多発しがちだからです。「〜です。〜です。〜です」という調子ですと、よほどインパクトがある内容でない限り文章はおもしろくなりません。「である」調で書く場合には「〜だ」「〜なのか」と変化をつけたり体言止めにしたり、語尾にいろいろバリエーションを作れます。ところが、「です」「ます」だとほとんど語尾に変化が生まれません。

「です」「ます」調は大リーグ養成ギプス（笑）みたいなもので、**敢えて「です」「ます」調で書くことによって、確実に文章のレベルアップを図れる**でしょう。

③句読点は呼吸のリズム

自分が書いた文章を音読して確かめるのも、とても有効です。

音読をすることによって、句読点をどこに打てば良いのかがわかります。敢えて呼吸をせずに一気に読んでもらいたい箇所には句読点を打たず、リズムとして一呼吸置いてほしいというところに句読点を打つのが原則です。文章の意味が通るかどうかということは音読しなくても理解できますけれど、気持ち良く読めるかどうかは音読をしなければ確かめられません。音読をしたときに一番自然なリズムで読めるように、点を打てばいいのです。

音読は、点を打つ場所が不自然でないかチェックするための作業だと認識してください。

④誤字が生まれる法則

誤字は文章を書く際に必ずついてまわるミスです。

相手が「正しいのは本当はこちらのほうだな」とわかってくれるような誤字はけっこうありますし、大きな問題にはなりません。しかし書評をしている本のタイトルそのものを間違えてしまうなど、文章のメインテーマである固有名詞を間違えるのはかなり恥ずかしい。「ハリーポッター」と書くべきところを、「ハリポッター」なんて2回も3回も間違えていたら致命的ですよね。「自分は平山あやの大ファンだ」と言いながら名前を「平原」なんて間違えたりすると、読者からは完全に信頼をなくしてしまいます。

ところが、そういうことはわりと頻繁に起こってしまうものです。本のタイトルを間違えたり著者名を間違えたりというミスは、プロの編集者でもよくあります。表紙や目次の著者名を間違えてしまったりすると大変で、いったん印刷した本を回収して刷り直さなければなりません。多少の間違いでしたらまだいいですが、著者の名前を間違えた、などというミスは全然笑えませんよね。しかし、あってはいけない誤字は、充分に発生しえます。

なぜかと言うと、「著者の名前やタイトルなど私は間違えるはずがない」と人は信じこんでしまうものだからなのです。

自分が見聞きしたことがないような固有名詞や言葉づかいでしたら、辞書を引いたり人に聞いたりして確かめることでしょう。一方かなり親しい人の名前や、「〜について自分は比較的詳しい」と思っているようなことは、確認を怠ってミスをしてしまうものです。自分が知らなかったことについてのミスは頭をかいて謝れば済みますが、人名やタイトルなど大切なことに関してはそうはいきません。著者の名前を確かめたり、映画の評論をやるときにタイトル名は必ずチェックするなど、校正の目に漏れがないようにすることが大切です。相手が「コンペに文書を出してくれ」と言ってきたときに、文書の件名を間違えないようにするなど、「これを間違えたら大変だ」ということは最後に必ずちゃんとチェックする。そうしたことが、文章の信頼性を担保するために必要です。

⑤引用は一字一句正確に

文献から引用をするときには、カギカッコの形を「　」から『　』に替えないほうが良いと思います。適当に漢字をひらがなに開いてしまうなどということは絶対にダメで、たった1つの句読点を打ち間違えてもいけません。とにかく引用は正確に行ないましょう。

ちなみに私は、引用をするときに「　」ではなく《　》でくるようにしています。なぜかというと、「　」で文章を引用すると、発言をくくる「　」を『　』に変換しなければならなくなってしまうからです。それでは相手の文章を変えてしまうことになります。「　」も含めてすべてそのまま原文どおりに引用するためには、《　》が便利です。また、雑誌名は「　」、本のタイトルは『　』でくるというような統一も習慣づけていったほうが良いでしょう。

⑥用語・表記の統一

「ちな（因）みに」や「すで（既）に」という言葉のように、文章の冒頭や「、」の後に使われる可能性が95％以上の漢字は、ひらがなに開いてしまいましょう。漢字が増えてしまうと、文章が読みづらくなってしまいますからね。

それから、例えば「おこなう」を「行う」と書いたり「行なう」と書いたり、ごっちゃに使うのはやめるべきです。もちろん人の著作から引用をするときは原典そのままでなければいけませんが、自分が書く地の文では表記の統一をしてください。

「行なう」と「行う」をどちらかに統一することは、面倒ではありません。一番厄介なのは「言う」です。林真理子さんなど多くの小説家は「言う」とは書かずに、「いう」とひらがなに開いています。これを漢字で書き始めると、「〜ということを誰かが言った」を間違えて「〜と言うことを誰かが言った」と書いてしまいがちです。

では「言う」と「いう」をどう区別すればいいのでしょうか。「〜という（〜つう）ことを誰かが言ったわけさ」のように「〜という（つう）」と置き換えられるものは「いう」と開くのです。一方「say」**に置き換えられるものは「言う」と表記する。**そうすると非常に読みやすい文章になります。

「始め」と「初め」も間違えてしまいがちですよね。「start」**に置き換えられるものは「始め」、「最初」に置き換えられるものは「初め」**、というように覚えると迷わなくなるでしょう。

⑦漢字を使いすぎない

ワープロやパソコンは、ひらがなを勝手に漢字へ変換してしまいます。漢字が多くなると、文章は非常に読みにくくなります。ですから、「しかし」「ただし」「なお」など、接続詞は基本的に全部ひらがなにしたほうが良いでしょう。それから「行く」「話す」「美しい」「嬉しい」など形容詞や動詞については、できるだけ漢字にしたほうがいい。命令形ではない限り、形容詞や動詞から文章が始まることはほとんどありえないからです。日本語は主語の後に述語が来ますからね。

「とてもうれしい」「〜を見てうれしかった」などと「うれしい」をひらがなにした場合、「う」が前のひらがなとつながって読みにくくなります。**述語は文章の肝**です。その肝の部分がスムーズに流れなくなってしまうと、まずい。

また、文章を書いていると漢字がどうしても増えていってしまいますから、「とき」や「ころ」のように非常に頻繁に使う字はひらがなに開いたほうが良いでしょう。さらに、助動詞的な「思い切る」は「思いきる」にするなど原則を決めると、漢字が過剰に増えていくことを避けられます。

第2章【初級編】こんな悪文を反面教師に

ダメな書評の典型例

黒野十一さんが書いた『カジノ』（新潮社）という本について、かつて私のメルマガ「ガッキィファイター」で取り上げたところ（2005年5月10日号）、『カジノ』には間違いが多いと40歳の会社員がサイト宛に投稿してきました。

「多少の間違いがあっても仕方ないんじゃないの」というような返事を私がしたところ、彼は「この本の全部は読んでいないが、たくさん間違いが見つかった。カジノのトイレではおしぼりを渡されると書いてあるが、渡されないこともあった。そんな間違いが許されるのか」と言うので、私は「許されるよ、そんなもの」（要旨）と言ってあげました。彼は怒って、アマゾンの『カジノ』レビューコーナーに次のような投稿を載せました。

《カジノについて世界で最後進国とも言える日本では当然ながらカジノに関する本も少なく、そのような状況の中でカジノについて1冊で包括的に知るには現時点では最適な本と言える。

但し、著者はどうやらヨーロッパのカジノが主戦場で、アメリカ、とくにラスベガスの現状については詳しくないようで、ごく一部で見聞きした内容だけで書いている部分が見受けられる。

たとえば149ページで「カジノではトイレに行くとチップを取られる」とあるが、ラスベガスではごく一部のカジノにトイレでタオルを渡してくれる人がいるが、大半のカジノでは当然ながらチップは取られません。アジアのカジノも同様です。》

日本がカジノについて世界で最後進国などということはありません。確かに日本でカジノはご法度《はっと》ですが、ギャンブルのプレーヤーが少ないわけでもまったくない。パチンコやパチスロ店はどこの街にも必ずありますし、競馬や競輪も全国各地で盛んです。ギャンブルに関しては、売上金額からすると日本は世界でトップクラスです。韓国やマレーシア、マカオ、ケニアにもカジノはありますが、地元の人は一切やってはいけないことになっています。それらの国よりも日本のほうがカジノ後進国だとはとうてい言えません。《カジノについて1冊で包括的に知るには現時点では最適な本と言える》と書きながら、その直後から彼はガンガン怒っています。**書評とは①その本をすぐに買いに走るように行動提起する文章、**または②**レビューそのものがエッセイとしておもしろく読める、**そのどちらかでなければいけないと第1章で書きました。「この本は買うな」と言いたいのであれば、わざわざレビューなど書くなということです。

笑える本や莫迦《ばか》本のレビューを書きたいということはあるかもしれません。しかし、本を販売しているアマゾンのサイトで本の悪口を無根拠に言うのはおかしなことです。八百屋さんで「この野菜は腐っています」と言っているようなものですからね。

問題提起をしながら《但し》以下でそれと違うことを言い続けているわけで、文章全体のバランスがおかしいでしょう。

接続詞「〜で」「〜が」の罠《わな》

レビューは《但し、著者はどうやらヨーロッパのカジノが主戦場で》と続いていきます。

著者を否定する「但し」を枕にしながら、**「どうやら」と非常に自信なさげ**ですよね。「どうやら」のような副詞を使ってしまうと、自信なさげに『カジノ』の記述を否定しようとしていることがバレバレになってしまいます。こういう場合、「どうやら」のような副詞は使わないほうが良いでしょう。

また、「〜で」や「〜が」という表現は極力文章からはじいたほうが確実にリズムが良くなります。とくに**「〜で」は絶対に使わない**と決めたほうが良いでしょう。文章が冗漫になるだけです。「〜で」や「〜が」はできるだけ使わないように、と一度インプットされてしまった皆さんは、これから人の文章が気になって仕方がないでしょう。

文章は逆接か順接か感じながら書いていかなければいけません。「〜が」「〜が」と続くとリズムが取れなくなるのは、なぜでしょうか。「〜が」は順接も逆接も両方つなげることができる助詞だからです。また「〜が」を使う文章は複文ですから、一文が長くなってしまいます。「今日はとても暑いですが、雨にならなくて良かったですね」などと、「暑い」と「雨にならなくて良かった」は関係ないのに文章をつなげることができてしまうのです。「今日はとても暑いですが、むしろこういうときは熱いお茶を飲んだほうが涼まりますよね」と書けば逆接になります。しかし、順接でつなぐと文章が緩《ゆる》むだけです。思いきって「～が」で文章をつなぐことはやめ、途中で切るようにしましょう。

ましてや「～で」は順接でも逆接でもなく、ただ冗漫に一文を区切るだけです。「～で」は使わずに、必ず一度文章を切ったほうが良い。文章を切ってみれば、「～で」の前に書いていたことはたいてい必要ないことがわかるでしょう。

レビューでは《ごく一部で見聞きした内容だけで書いている部分が見受けられる。たとえば》とこの本の部分的なことを指摘するような様子でいながら、次のように書き進めて最後まで行ってしまいます。

《あと肝心のゲームの紹介の部分では、肝心の配当の記述方法があいまいだったり、とくにクラップスやポーカーという現在のラスベガスで人気の高いゲームについての記述がいいかげんなので、これからカジノ（とくにラスベガス）でプレイしたいのでそのための教則本としたいという場合はやめておいたほうが賢明です。

配当については、94ページのルーレットの1点賭けは「三十五倍」と元金を抜いた配当だが109ページのバカラのタイは「九倍」と元金を入れた配当など元金の扱いがあやふや。〔中略〕122ページのハードウエイとフィールドベットについても配当に

間違いがあるので注意。ポーカーに至っては書いていないのと同じほどずさんです。》

この文章は本当にひどい。引用した冒頭の「**あと**」という表現など、いつまでもお達者で！ と言ってあげたい衝動にかられます。

「〜については」「〜についても」と繰り返されているのを見ると、書き手が頭の中であれについても書きたい、これについても書きたいとたくさん項目を並べてしまっていることがよくわかります。そんなときには、「〜については」という書き出しくらいしか出てこなくなってしまうものです。

このレビューの筆者は、文句をつけたい付箋《ふせん》を20個どころか、明らかに100個くらい本につけてしまっているのでしょう。その100個のうち、どれを使ってやろうか、字数制限もあるしなあ……ということでいくつか選んでいることがわかります。ですから、ただ箇条書きをそのままつなげたような文章になっているのですね。こういうときには、「こんな間違いをしていたらこの本はヤバいんじゃないの？」というポイントを1つに絞ったほうが良い。あとは褒めちぎって、最後は皮肉で終わると文章がギュッと締まります。

レビューの最後はこう締めくくられています。

《カジノ必勝法については確実な情報を知りたいなら「吠」で検索しましょう（笑）。》

「吠」というのはハンドルネームで、カジノについてのサイトを開設している人のようです。でも、アマゾンの読者にいきなり「吠」なんて固有名詞を出されてもよくわからないですから、ちっとも笑えませんよね。この筆者はアマゾンにレビューを発表したとき、一般読者に「吠」がわかるのか、というチェックをかけていないのです。

学者的悪文を避けるには

私は悪文を見ても怒ったりはせず、むしろ笑えるという意味で密かな楽しみにしています。ドランクドラゴン（お笑いコンビ）の塚地武雅《つかじむが》さんは、NHKの教育テレビが大好きだそうです。合唱コンクールの中継なんておかしくて仕方がないと彼は言います。指揮者がステージに歩いてくるときには神妙な顔をしているのに、指揮者が指揮棒をスタッと上げると急にみんな楽しそうに歌い出す。同じ意味で私も、シンクロナイズドスイミングを観るのが大好きです。本人たちは真面目にやっているのに、まわりからよく見るとおかしいということがたくさんありますよね。

次に紹介する日経新聞の論説も、私にとっては出た！　という感じです。

《——広い視野と経営知識を　金子元久（東京大学教授）——

世界の大学はいま大きく変質しつつある。高等教育の役割が拡大するに従って、広い意味での市場化が、大学に様々な可能性とまた問題を生じさせるからだ。そうした問題にどう対処するかが現代の大学経営の基本的な課題である。》（「日本経済新聞」２００５年7月27日）

冒頭からまったくわかんねえよ、という感じです。この人が何を言っているのかわかる人は、ほとんどいないのではないでしょうか。実は、この人の言いたいことは非常に明確なのです。その点については後で述べますね。東大教授の文章を、続けて見ていきましょう。

《知識社会化によって大学に対する社会の要求が拡大し、また多様になることはいうま

でもない。研究面での社会連携、高度の専門職の養成など社会的な要求に大学は積極的に応えることを求められている。》

「知識社会化」なんて言われても、全然意味がわかりませんよね。《社会的な要求に大学は積極的に応えることを求められている》なんて陳腐なことを言われましても、読者は「そうかもしれないなあ……」と思うだけでしょう。それでは何も言っていることにはなりません。多様化する社会に大学が対応しなければいけない、などというのは誰にでも言えることで、別の問題をちょっと指摘してみろよ、と言いたい。《基本的》《広い意味で》というステレオタイプな表現など、もう「さようなら」という感じで、蟻地獄のように東大教授が1人で沈んでいく様子がおもしろい。

《もともと大学とは、きわめて多様な内容をもつ知的活動を、一つの枠にくることによって、社会的な機能を発揮させる組織であったが、多様な専門分野のそれぞれから生じる発展の要求を調整することは容易ではない。》

私はよく、「そもそも○○とは」という問題意識から言葉の定義づけを独自に行なうことにしています。辞書にない定義であれば読者は「なるほど」とおもしろがってくれるでしょう。しかし、「そもそも交渉とは、複数の組織または個人と話し合うことである」などとあたりまえのことを書いていたら、読者から「莫迦《ばか》野郎！」と怒られてしまう。この教授には、せめて「もともと大学とは、暇な若者に地位を与えるためのものだった」という程度のことは言ってほしかったですね。ところがこの教授は、大学についてまったく意味不明な定義をしてしまいます。

金子教授は40年も高等教育研究をずっとやってきた方ですから、「大学とは何か」ということが自明なのでしょう。彼にとって自明すぎることをひとことでまとめてしまったがゆえに、このようなわかりにくい文章になってしまったのです。

《こうした状況で大学にとって必要なのは、大学の現状についての客観的で具体的な調査分析と評価を基礎として、大学のあり方についての展望を示し、批判を受けることであろう。それをもとに一定の深さと体系性をもった議論が継続して行われることが、学内のコンセンサスと学外の理解を形成する基礎になる。そうした過程をつくっていくこ

とが大学経営の最も基本的な課題である。》

ここで言っている課題は、文章の冒頭で言っている《大学経営の基本的な課題》とは全然違っています。それは措《お》くとしても、筆者は2つ目の課題として大学の教育、第3は大学の財政のことについて指摘していきます。

《日本の企業は、大学教育が「役に立たない」という批判を一方で繰り返しながら、実は大卒者の採用においては大学での学習経験にはこだわらず、むしろ本人の人柄や視野、あるいは出身大学の選抜性を重視してきた。企業との、こうした奇妙なネジレの関係の中で、大学教育が決定的に変化する契機が生じなかったのがこれまでの実態であったといえよう。》

企業が困っているのは、文章力のない不良品学生をたくさん大学がよこしてしまっていることです。大学は大学で「なんて文章力のない学生を高校は大学へよこすのだ！」と怒っている。高校は「とにかく誰でもいいから学生を進学させろ、と大学が要求したのだろう」と主張する。みんなが、たらいまわしで責任を押しつけあっているのが現状です。

一方現在の状況を見ると、誰もが文章を書かざるをえない時代になりました。ネットオークションをやるにしても稟議《りんぎ》書を作るにしても、提案文を作るにしても、文章を書かなければならない機会は非常に増えています。誰かからクレームが届いた場合、電話ではなくメールで答えなければならないケースもずいぶん増えました。今どきの中高生で携帯メールの文章を書けなかったら、みんなの仲間にうまく入れないでしょう。

文章を書けないと非常にヤバいのです。書く機会は非常に増えているのに、大学生や社会人は文章を書けなくなっている。大学生の数が増えすぎてしまい、文章を書きたいという学生側のニーズに大学が対応できなくなっているのが実際なのではないでしょうか。そういうことが、この日経新聞の文章には全然出てこない。それどころか、「役に立つ」「役に立たない」という抽象的な言葉で議論をしてしまっているのです。

NGワード「いずれにしても」他

こういう先生は、いろいろ言いながらどうせ最後に「いずれにしても」とか言うんだろうなあ……と私は思っていました。すると案の定、文章の締めはこうなっていました。

《いずれにしてもこれからの大学経営においては、研究・教育についての広い視野と、経営についての専門的な知識が、密接に補完しあうことが求められる。そのためには大学経営の人材養成と、大学経営に関する基礎的研究が重要である。筆者の属する東京大学大学院教育学研究科では「大学経営政策コース」と「大学経営政策研究センター」を発足させたが、こうした動きがさらに広がることが必要であろう。》

《いずれにしても》なんて最後に言うのでしたら、それまで長々書いてきた文章はなんだったのかとツッコミを入れてあげたいですね。結局この先生の言いたいことは、哲学や社会学など高等教育専門の研究者を大学に増やせということなのです。初等・中等教育についての研究者は、日本中の学校にも大学の教育学部にもあふれるほどいます。ところが、高等教育についての研究者や教育者はほとんどいません。金子さんは高等教育研究の世界で一番乗りを果たした、学界のボスなのです。

「いずれにしても」以下では、《広い視野》と《専門的な知識》が必要だと書かれています。しかし「広い視野は必要ない」と言う人は誰もいません。「深い愛情は必要ない」と言う人はいないのと同じことです。「広い」「専門的な」という否定しようのない形容詞をつけることによって、読み手に文章を肯定させるという論法を彼は使っているわけです。《大学経営の人材養成と、大学経営に関する基礎的研究が重要である》。これが彼の結論です。要するに「私のような高等教育研究家を各大学に配置しよう」「私の弟子である非常勤講師や大学院生を、大学は採用してくれ」と彼は言いたいらしい。そういう視点で読めば、一貫して彼が何を言いたいのかがよくわかります。こんな文章は、3行で投書してくれればいい。まさしくこれは**悪文の典型**です。

「ご報告」「ご相談」は誤用だが

ところで、「私のほうからご報告、ご相談したいことなどありまして」とメールで書いてしまうことがよくあると思います。「ご意見」「ご報告」「ご相談」という言葉は、メールを書くときに必ず出てきてしまうものです。原則として、**自分が行なうことに「ご」をつけるのはおかしい**。「先日ご相談があったことについてお答えします」とか「先日ご報告いただいた件について説明いたします」などと、**相手の言っていることに「ご」をつけるのが敬語の基本**です。自分の言っていることについて「ご相談」などと「ご」をつけるのは、敬語の第一原則に反します。

最近のメールを見ていますと、自分がやっていることについて「ご相談」「ご報告」と「ご」をつける人が95％くらいを占めています。下手に「ご」をはずすと失礼な文章に見えてしまいますので、難しいところではあります。誤用を避けるためには、どうしたら良いのでしょうか。

1つのテクニックとして、**迷ったときには「報告させていただきます」のように謙譲語《けんじょう》をつけてしまえば良い**と思います。上司から「『ご』が抜けているぞ」と言われる可能性もありますので、そのあたりは妥協していくしかありませんね。だけれども、自分の言葉に「ご」をつけるのは、とにかく敬語の第一原則としておかしい。敬語の第二原則は、行為ではなく自然物に丁寧語をつけることです。「ご飯」の「ご」のようなものですね。

ただし、あなたが所属する職場や業界では、たとえ自分からの申し出でも「ご相談」「ご報告」というのが慣例になっている場合は、それに従えばいいと思います。そういうところに、よほどこだわりがない限り、目的と手段を取り違えるリスキーなトラブルを抱えて損をするだけです。

メールで最も注意すべきこと

ここで申し上げたいのは、そうしたテクニカルな問題だけではありません。**メールはシーソーゲームのようなもの**なのですから、短い時間のやりとりを通じて相手との距離を詰めていく道具です。メールよりもっと短い時間でやりとりをしようと思えば、対面の会議をすればいい。メールの特徴は、出張中だったために返事が2日遅れるというような例外はもちろんあるにせよ、即時性、即効性があるということです。シーソーは相手の体重や人数に合わせて一方の動きが変わっていきます。メールもそれと似ています。相手のことを推し量りながら距離を詰めていくのが、メールの基本的な機能なのです。

メールでは、用件が明確に指し示されている場合と、そうでない場合とがあります。

例えば「明日2時にお茶しましょう」というメッセージの場合、用件が明確に指し示されていますので問題はありません。しかし「相談したいことがある」「報告したいことがある」とぼかされた場合、どんなケースについての話題なのか可能性や着地点を考えていかなければ、メールのやりとりで大失敗をすることがあります。メールでクレーム処理をするときなど典型的です。

こうしてメールは、一方が強く出れば相手がグッと引きますし、逆のケースもあります。メールのやりとりの中では、とにかくお互いが不快にならないように話をつめていくことが大事です。「暑さ厳しき折」などと形式的な文章で言いたいことをオブラートに包んでいくと、何を言いたいのかわからなくなってしまいますので注意が必要でしょう。

①自分が書くメッセージはできるだけ明確に、②曖昧《あいまい》なメールが届いた場合は、可能性と着地点をできるだけ考える。

この2点が最も肝要なことです。

トラブルの温床としてのメール

メールや会話のコミュニケーションは、どうしても相手側に依存せざるをえない面が濃厚にあります。トラブルを自らの責任で発生させてしまった場合、相手から謝罪を要求される場合もあるでしょう。うまくトラブルが収まれば問題ありませんけれども、謝罪の仕方を誤ったがためにかえってトラブルを増幅させてしまうケースもあります。

ありきたりの表現でただ単に謝る場合は、確実にトラブルが拡大していくので注意が必要です。「失礼をしてしまった」という言い方はありふれた謝罪の仕方でしょう。問題は相手が単純に「失礼だ」と怒っているわけではないのがほとんどだということなのです。個人的にただ怒っているわけではないと相手が主張している場合に、単に「失礼をしました」「不快な思いをさせてすみません」と言うのは、かえって怒りの火に油を注いでしまいます。それよりも、なぜトラブルが発生してしまったのか、きちんと相手に説明しなければなりません。

では、**どうやってトラブルを回復したら良いのでしょうか。**

例えば恋人同士でも、約束の時間に相手が相当無理して来てくれたのにこちらが遅刻してしまった場合と、相手に「ぜひ来てくれ」と頼まれてこちらが遅刻してしまった場合とでは状況が異なります。いずれにせよ、相手が気を悪くしてへコんだ部分について「ご飯をおごるよ」などという形でどう補うかということが問題となる。大きな問題では、殺人をどう償うかということでも同じです。どんな内容のトラブルであっても、「失礼しました」「不快な思いをさせました」などという程度の謝罪で問題が収まることはほとんどありません。むしろそんな謝罪の仕方では、トラブルが拡大するケースが多いでしょう。**謝罪をするときには、①謝罪の言葉、②その理由（反省）、③償い（穴埋め）の3つができているかどうかを念頭に置いて対処していかなければなりません。**

以下に、少しだけ悪文メールの例を挙げますね。アマゾンのカスタマーサービスというのは、ひどいメールを平気で送りつけてくるので呆《あき》れるほかありません。

《Amazon.co.jp にご連絡いただき、**ありがとうございます。**〔中略〕

ご参考までに「レビューガイドライン」についてご案内させていただきますのでご参照いただければ幸いでございます。〔中略〕

恐れ入りますが、上記の回答で問題が解決したかお知らせください。

解決した場合はここをクリック：〔以下URLは省略〕

解決しない場合はここをクリック：〔以下URLは省略〕》

「解決した場合はここをクリック」って、アマゾンなめんなよ、という感じです。こっちが文句をつけているのに「ありがとうございます」というのも、ふざけていますよね。

次に引用するメールは、ヤフーオークションの出品者から私のところへ送られてきたメッセージです。


《さて、計落札価格は14万円＋送料です。

発送方法をお知らせ頂きますと早く、準備をします。

発送先の住所、お名前は、その都度、お知らせをして頂きますと、探す手間が省けて助かります。》

こういうことは出品者の正直な気持ちなのでしょうけれども、この文章に関して言えば、ただ自分中心なだけですよね。商売をやっている人が自分の都合だけを相手に押しつけているわけですから、こういう文章は一定の割合で必ず問題をこじらせます。

第3章【中級編】実務文はこう書けば生まれ変わる

文章をいかにストレッチし、良質なものへと推敲《すいこう》していくか。

この章では、私のメルマガ「ガッキイファイター」読者から寄せられた「どこを直したらいいかわからない文章」をサンプルとして挙げながら、稼げる文章のテクニックを紹介していきます。日ごろは良き文章を書いていながら、敢《あ》えて「うまく書けなかった」ものを提供していただきました。

エッセイ・ブログ編

《――［雑記］今日はこの人――》
有名人を見かけることが多いのが、私のささやかな自慢だが、今日、小田急線に乗っていたら、(たぶん) 水木一郎を見た。この人が、マジンガーZを歌った人かー、と思っていたら、下北沢駅で降りていった。それにしても、顔ぢからが強い。コサキンのラジオで言っていたとおり、ルー大柴に少し似ていた。》(Tさん/システム・エンジニア)

エッセイやブログでは、読み手が文章を普遍化したうえで距離を取ることができるような工夫が必要です。その工夫がなければ、味わいのある文章は成立しません。**書き手の個人的体験を読者がどう受け止めるのか相対化する意識がないと、文章はただの個人的な日記になってしまいます。**この文章はブログに書かれたもので、知り合いを中心とした不特定多数の人が読むものです。本文は4行だけで終わってしまっていますが、なぜ書き手が乗客を水木一郎だと見分けることができたのか、もう少しエピソードを入れたほうが良いでしょう。また、有名人を見分けられない人の話など相対的なことが表現されていませんし、起きたことをただ数行書くだけで終わってしまっています。これでは不特定多数の人が見たときに、「この書き手はどんな人なのか」と距離を取れません。

弓道や射的では、的がしょっちゅう動いたり、的のサイズが30センチなのか1メートルなのかわからない状態では正確に射ることができません。文章も、弓道や射的と一緒なのです。的がしょっちゅう動いているように、読み手がどこを読んだらいいかわからないということではいけません。**文章を書くときは、書き手のキャラを立てたり、的に当たる部分を明示**するようにしましょう。

《——「アルバム」「スマイル・ツアー」ブライアン・ウィルソン——
　再録音しただけあって音はきわめて明瞭、にもかかわらず60年代のアコースティックな感触が残っていて嬉しかった。ブライアンのボーカルも、バンドのアンサンブルも良かった。ロック、ジャズ、カントリー、クラシック、教会音楽などミックスしていて分類不可能。この人は本当に効果的なポリフォニーの音楽を書ける数少ない一人だと思う。》(Nさん／会社員)

メモを取らないで書いたのではないか、という印象を受けました。筆者がなぜこのアルバムを推すのか、理由がよくわかりません。**文章を書くに当たっては、筆者の「なぜ」を解明するのが基本**です。疑問を何も解く必要がなければ、文章を書く必要がないということになってしまいます。なぜこのアルバムを紹介しようと思ったのか、問題設定したうえでPRする必要があるでしょう。

ネットオークションをやるときも同じことなのですけれど、どうしてその商品をPRしようと思ったのか説明できなければ、買い手はつきません。「不要品で要らなかったから」というような売り文句では、誰も買いたくはならないわけです。

「スマイル・ツアー」というアルバムを推すのであれば、ただ音源が良いということだけではインパクトに欠けます。「なぜ私はこのアルバムを皆さんに勧めたいのか」というテーマに絞ってレビューを書くと良いでしょう。

次は、「ピエロの赤い鼻」という映画についてのレビューです。

《予告編を見た限りでは、泣けそうな予感がしていたのですが……。主人公の二人組に、全く感情移入ができませんでした。どう考えても、ただのバカとしか思えない。だって、彼らの粗雑で無謀な爆破計画は、何の戦果ももたらさなかったわけでしょう??

奇跡的に一人の犠牲で済んだものの、村人全員に嫌疑がかかるような仕業だったのだから、ドイツ軍からの報復で村ごと爆破されるような最悪のシナリオだって、ありえたはず。爆破後、彼らと同じ場にいて祝杯をあげようとしていたルイーズなんて、射殺されても不思議じゃないですよね……大戦中だったら。》（Tさん／会社員）

Tさんはかなり腹が立っているようなので、どうしてもこういう書き方になってしまうのは仕方がないとは思います。しかし、この文章を不特定多数が読むことを前提にした場合には、工夫が必要です。なぜ、筆者が怒っていることを文章にするのか。自分の中の怒りを整理したかったり、怒りを自分の中にとどめておくだけではなく自分以外の人にも伝えたいという動機があるからでしょう。

Tさんは自分の中の怒りを整理することはできているのでしょうが、他人の目にも触れる形で書く以上は**怒りが伝染するように書いたほうが良い**のです。つまり、読んでいる人にも「これはひでえや」と怒りの感情が湧き出るように書く必要がある。ただ怒っているだけでしたら、読んでいる側は引いてしまうでしょう。怒りを伝えるためには、「それはひでえ」「こんなことが許されるのかよ」と読み手が共感するような文章を書く工夫をしなければなりません。

もっと言えば、批判している対象についての記述で読者が笑ってしまった場合、批判されている当の相手はもう負けなのです。ましてや自分について批判的に書かれている文章を当人が読んで笑ってしまったとしたら、批判されたその人は完全に立場がヤバいですよね。私は誰かを批判するときに、その人をどこまで笑いの対象にするか考えます。すると相手をかわいく描いてしまうフレーズがパッと思い浮かんだりする。そういうフレーズは、なんとしても文章のどこかに入れようと思います。

笑いや怒りや悲しみなど、感情を文章に表現することがあります。笑いは意外に奥が深く、例えば人を説得しているときにもし相手が笑ってしまった場合には、双方は非常に良い関係になれるでしょう。

Aさんという、どうしても許せない人がいるとします。Aさんについて読者にも怒ってもらったり、Aさんが存在すること自体を読者にも悲しんでもらうなど、いろいろ方法はあると思います。中でもAさんの様子を描いて読者に笑ってもらうことは、Aさんにとって一番ダメージが大きいのです。

人にも自分と同じ怒りの感情をもってもらうには、技術が必要です。ましてや怒りを描く以上に、笑いを表現することは本当に難しい。自分はすごくおもしろいことを思いついたと思って人に話をしても、意外にウケないことがよくあります。いくつかフォローをしてようやく笑ってもらえた、という経験は皆さんにもあるでしょう。笑いの感情を他人と共有することは、とてもハードルが高いことなのです。

学者・研究者の論文編

《――誰に仕事を任せるのか　～二種類のアプローチ方法～――

ところで、企業内に存在する仕事とそれを担う人を結びつける方法には二つの道筋がある。

ひとつは、仕事の中身を分析、評価し、その仕事を実行するのに最もふさわしい能力や経験を持った人材を任命しようとする考え方であり、もうひとつは、ある人材にどのような能力や経験を積ませ、将来的にどのような分野で活躍させたいかという視点から、その人にとって最もよい経験になる仕事を与えようとする考え方である。》（Iさん／研究所勤務）

この文章は論文です。**論文では原則として「ところで」は使わない**ほうが良い。「ところで」ということは要するに話題を転換するということですから、前の文章と後の文章が論理的につながらないことを告白するようなものです。シナリオやエッセイでしたら「ところで」と話題を完全に変えていくことはありえますけれども、論文で「ところで」を使うと論理的にズレた印象をもたれてしまいます。

《企業内に存在する仕事とそれを担う人》とありますが、「それ」は「仕事」を指すのかどうか少しわかりにくいですよね。**わかりにくい指示代名詞はできるだけ名詞に置き換えていきましょう。**

それから、2つの方法について「ひとつは〜考え方であり」「もうひとつは〜考え方である」と書かれています。方法＝考え方ではありませんので、置き換えとはちょっと違い、読者が混乱してしまうかもしれません。

文章の続きを見てみましょう。

《とくに、長期に渡って企業に貢献することを望まれている正社員（雇用期間の定めのない人材）の場合、後者のような「育成」視点での人材配置は日常的に行われている。

我々は前者を「職務要件原理」、後者を「能力開発原理」と名づけた。この二つの原理はときには利害相反をおこすこともあるが、実際の企業では、両者を上手くバランスさせながら人材配置が行われているのである。》

最初の2行が入ってしまっているため、後半の「前者」「後者」が何なのかわかりづらくなっています。**「前者」や「後者」は直前のものを指す**ようにしなければ、容易に読者がついていけません。「とくに～」を使った説明はおもしろいのですが、別のところに入れたほうが良いでしょうね。

「職務要件原理」「能力開発原理」はIさんたちの書き手集団が名づけたようで、一般的な用語ではありません。このように名づけることがどう有意義なのか後で充分に説明されているのであれば別ですが、この一節を見ている限りでは命名の意味がわかりにくい感じがしました。

《「平準書」は、上古から武帝時代に到るまでの経済発展の歴史が書かれている。しかし太古から先秦までの歴史は、現在「平準書」の末尾に位置する「太史公曰」の箇所で述べられており、「平準書」本文は漢が建国された時点から書き起こされている。》(O

さん／大学院生）

冒頭の《「平準書」は》に、場所を示す助詞が入らなければおかしいですね。《「平準書」には》とするべきでしょう。「武帝」は魏や秦などいくつもの国にいますが、ここでは前漢の第7代武帝のことを指しているのだと思います。歴史に詳しくない人にはまったくわからない文章かもしれません。

細かいことを言うと、《武帝時代に到るまで》の「到る」と「まで」はまったく同じ意味ですから、「武帝時代までの経済発展」か「武帝時代に到る経済発展」にしたほうが良いでしょう。**「馬から落馬」「頭痛が痛い」のような重複を避けることは鉄則です。**

一番わかりにくい言葉は「しかし」です。なぜ「しかし」と逆接になっているのかがよくわかりませんので、突きつめたほうがいい。〝一般的には平準書には～ということしか書かれてはいないが、詳しく説明すると～ということなのだ〟と具体的に説明したほうが、よりわかりやすい文章になるでしょう。

次に、しゃべり言葉をどう書き言葉に換えたら良いのか、短い実例を挙げておきましょう。内容を理解して録音を文章化してゆく、というより、とにかくまず読んでいる人がわかるように、という姿勢がイロハのイです。

《えとあの、さっきの方が言われたですね、大学出たての医師が誤診してしまうとかっていう、あれね、僕思うんですけど、昔インターン制度があって、いろいろ問題もあって、とにかくなくなっちゃって、今は個人が忙殺されながら指導もしなくちゃいけないっていう、そこがね一番のあれだよね。》（あるシンポジウムより／書き換え前）

《先ほど佐藤さんが指摘された新人医師の誤診多発問題について、私にも補足させてください。戦後しばらく「インターン制度」があって、あれは無資格での臨床が批判されたり反対運動が盛り上がったりして、とにかく約20年で廃止されてしまいました。その後、個人が忙殺されながら後輩の指導もやらなくちゃいけなくなった。そこが最大の問題でしょうね。》（私による書き換え後。もちろん私の発言ではありません）

シンポジウムや講演会の内容を冊子や新聞に収録することがあります。
前者はテープ起こしをしたままの状態ですが、このままでは活字として読みにくいですし、しゃべり手の真意がうまく伝わりません。

もちろん、「〜とかっていう」「あれだよね」と、実際に講師がしゃべっているのかもしれません。しかし、活字化するときにはそうした話し言葉を書き言葉に直したり、指示代名詞を固有名詞に置き換えたりしなければなりません。

作文・エッセイと論文の違い

作文・エッセイと論文の違いとは、どんなことなのでしょうか。**作文やエッセイには個性や才能**が必要であり、**論文には型**がなければなりません。自分がある分野についてどんな意見を言いたいのか、どんな新しい発見をしたのか、まず結論を言う。次にデータや根拠を示し、自分が研究で挙げた成果の位置づけをしてゆく。さらに自分の意見を支えてくれた文献を紹介してゆく——。こうした形式は、論文においては崩せません。

実務文では、①読んだ相手がお金を払ってくれる、②こちらの提案に相手が賛成して共同作業が始まる、③さらなるプレゼンテーションを請われるなど、文章によって相手が動いてくれるかどうかがポイントとなります。

「私は未熟なので論理的な文章が書けない」という言い方をする人がよくいますが、**未熟だからこそ論理が必要**なのです。一人前のプロとして権威があると認められているような人は、直感でモノを言っても許されます。しかし多くの人はそうではないからこそ、論理が必要なのです。

プロの文章では、ポンと飛んでしまう芸術的飛躍が許されます。しかし書き手がプロでない場合は、論理的な飛躍があると文章が破綻《はたん》したと見なされてしまう。例えば社内文書などは、すべて論理的な文章でなければ通用しません。芸術的な飛躍とは、最終的にその飛躍の部分をオチで埋める作業があるときに限り許されるのです。

論理的な文章には、明確な主張とそれを支える根拠がなければなりません。「人生は選択の連続である」とか「外交は基本的に内政干渉だ」などと、普段誰でも言っているようなことは明確な主張でも何でもありません。「石原慎太郎の発言は中国を刺激する」と言っても、「そりゃそうだろう」と言われてしまいます。誰もがそうだと思っていることを言ったところで、独自の主張にはなりません。では偏屈なことを言えばいいのかというと、そういうわけでもない。**何かを主張するに当たっては、7割がたの人を納得させる根拠を示す挙証責任がある**からです。とんでもないこと、突飛なことを言えば主張になるというわけではないのです。

根拠に支えられることを前提とした明確な主張とは、例えば「我が社ではこの事業を具体化することが非常に重要である。この事業に乗り出すことは、我が社に確実に多大な利益をもたらす。なぜならば……」というようなものです。注意すべきは、どこから引っ張ってきたのかもわからないような根拠を使って主張をしていてもダメだということです。相手がアクセス可能、検証可能な根拠を使わなければなりません。

人の主張とはだいたい3つくらいに収まるものです。4つから5つとなると、内容が重複してしまったり論点の押さえ方が違ったりしてしまいます。**イスは2脚や1脚では立たないけれど、3脚ならば立つ**と考えてみてください。主張を3つに分けたつもりだったが実は1脚しかなかったとか、よく考えたら同じことを重複して言っていたとか、そもそも2番目と3番目の主張が完全に矛盾しているというようなことがあります。そういう瑕疵《かし》のないように、文章を書くときにはきちんと3脚の上に立っているかどうか確かめることが大事です。

首相や閣僚の靖国神社参拝について反対だという場合、「第1に〜」「第2に〜」「第3に〜」と3つくらいの理由を挙げてみる。3つも理由を挙げれば、自分がどれくらい問題を理解していなかったのか、または逆に良い論点を突いていたかということがわかるものです。欧米人は論理的にしゃべる形式をよく訓練されています。彼らは「○○は××だ」と言うときに「第1に〜」「第2に〜」「第3に〜」と3つ程度の理由を挙げるものです。もちろん理由の中身が伴わなくてはなりませんが、ともかく文章の形式として3つの理由を挙げるのは大事なポイントです。

齋藤孝さんの『原稿用紙10枚を書く力』(大和書房)はぜひお読みになっていただきたいと思います。この本で齋藤さんは、良いところを3つ挙げてみることを勧めています。人事評価でも映画評でも書評でも、ジェットコースターが好きだという場合でも、理由を3つ挙げてみるのです。理由を挙げられなければ、本当に好きではないのかもしれません。

好きな人のタイプについて「優しい人がいい」とか「8歩下がってついてくる人がいい」と言ってもらうよりも、嫌いなタイプを3つ挙げてもらったほうがその人の本質がわかるものです。何かのテーマにつき賛成の意見を3つ挙げても論点がはっきりしない場合、反対の意見を3つ挙げてもらうと良いでしょう。

また例えばエッセイから論文へは、以下のように書き換えができます(山内志朗氏『ぎりぎり合格への論文マニュアル』平凡社新書を参照)。

①「このあたりについて考えてみたい」（エッセイ）

←

「本節では以上のことが論じられる」（論文）

②「話がぐちゃぐちゃになってきた。ここまで書いたことを消すのはもったいないからそのままにしておくが、できたら忘れてほしい」（エッセイ）

←

「議論が盤根錯節《ばんこんさくせつ》の観を呈してきたので、原点に立ち返って議論の筋道を確認しておきたい」（論文）

③「小林はバカだ」（エッセイ）

←

「小林の見解には再考の余地が残る」（論文）

④「私にはわかりません」（エッセイ）

「解明できた研究者は少ない」（論文）

←

要するに、**論文やエッセイには形式がある**ということです。

官庁発の文章編

《――終わらない戦後処理　行政上の諸問題について――

地下壕とは、いわゆる防空壕です。昭和49～56年度及び平成10～14年度にかけて、順次埋戻し等の対策が実施されていますが、大規模な陥没、崩壊による災害が発生するおそれがある箇所はまだまだあるのが現状です。国土交通省の調査によると、全国で5003箇所あり、そのうち777箇所に危険性があるそうです。

近代戦争における総力戦というのは、物理面においても実に広範囲な分野において傷を残し、時間が経つほどに修復が困難になります。現代のアフガニスタンやイラク戦争の復興にも通底する、普遍的な問題だと思います。》（Kさん／地方公務員）

５００３カ所の地下壕のうち７７７カ所に危険性があると言われると、私はなぜそれ以外の４２２６カ所に危険性がないと言えるのだろう、と考えてしまいます。そういうことを気にしない、わりと素直な人が書いた文章なのかな、という印象を受けました。たぶん危険性についてあまり考えずに書いたのでしょうね。

60年前はコンクリートであらかじめ土を固めずに進めるのが基本的な採掘方法でしたので、危険ではないほうが全体の８割ということはありえません。そういう疑問点や不審な点にフォーカスする必要があります。その意味では、この文章には書き手の主張が薄いのです。**文章とは主張に根拠をつけていくもの**ですから、もっと明確な主張を念頭に置いたほうが良いと思います。

次の文章は、自治体広報誌に掲載された防災コラムです。

《――地震を生き抜くということ――

阪神・淡路大震災では６４３４人が亡くなりましたが、この内の83％が建物や家具による圧死でした。このことから、建物や家具から身を守れば、大地震に直撃されても生き残る可能性が高いということが分かりました。これを教訓として本市では、住まいを「知る」（耐震診断）・「丈夫にする」（耐震補強）・「工夫する」（家具の転倒防止）を推進し、市民の安全・安心の確保を目指しています。》（Tさん／地方公務員）

「地震を生き抜くということ」という平凡なタイトルになってしまったのは、お役所の広報誌なので仕方ないのかもしれません。できればタイトルは、「あなただけの問題ではない」というように、なるべくインパクトを与えるものにしたほうが良いと思います。「地震を生き抜くということ」では最初から読む気があまり起きませんよね。

なお、こういう解説的な文章（先に引用した5行のこと）をどうしても入れたいのであれば、文章の真ん中あたりに移動したほうが良いと思います。お役所的な文章がいきなり冒頭に来てしまうことによって、そこから先は読みたくなくなってしまうからです。文章の続きを見てみましょう。

《先日、ある年配の方に耐震補強を勧めたところ「わたしはもう充分に生きてきた。地震がきて命を落とすかもしれないが、それも天命だから仕方がない。じたばたはしないよ」とやんわり断られました。考え方は潔いとは思いますが、本当にそうでしょうか。
大災害を生き残るというのは、実は自分のためだけではありません。あなたが生き残れば、別の命を救うことができるのです。それは近所で救助を待つ生まれたばかりの小さな命かもしれません。未来のある子どもたちを救うためにも災害を天命とあきらめてはいけないのです。〔中略〕
一人ひとりの防災意識の高まりが地域コミュニティの意識となり、地域が集まって市全体の防災力となっていきます。みんなでスクラムを組んで大災害を生き抜きましょう。》

先ほどのお役所的5行はカットし、「先日」から始めておけば完璧です。冒頭の5行が、続きの文章のジャマをしてしまっているのです。それから最後の3行（一人ひとりの〜生き抜きましょう）は、文字どおり全体を受けた「締め」にしてしまうのではなく、思いきって「変なこと」を書いてしまいましょう。お役所の広報誌は紋切り型の文章がほとんどですので、大胆に工夫したものを書くと一気に際立ちます。

《――出版の未来――

図書館は、本の多様な魅力を見せる場になっているだろうか。このように自問してみました。それこそ図書館がなし得る出版への最大の貢献と思うので。図書館員としての自戒をこめて、答えは「まだまだ」です。

確かに公共図書館の数は増えました。全国的には、いまでも毎年、30館前後の図書館が新設されているようです。でも、本、とくに大人や十代の少年少女が、猥雑だけど奥深く、熱いけどクール、毒にも薬にもなる「(お子様ランチではない)ほんものの」本の宇宙に遭遇できるような工夫をこらした図書館はどのくらいあるのでしょうか。》(Tさん/図書館員)

最初の3行は、図書館関係者に読ませるにしてもそうでないにしても、あまりにもありふれています。**文章がおもしろいということは、ひとことで言えば意外性があるということです。**意外性がなく予想どおりの文章が出てきてしまった場合、自然の行動として人は先の文章を読むのをやめてしまいます。**意外性をもった書き出しと文章運びがなされていることが、おもしろい文章の実態**なのです。「文章ではあたりまえのことや基本的なことを押さえろ」と上司は言うのかもしれませんが、そういうことはせめて真ん中にもってくるようにしたほうが良いと思います。文章の最後の部分を見てみましょう。

《「劇薬本」は人それぞれですが、それでも「ピンとくる本」に出会いやすくなる工夫、というのはあるはずです。元カリスマ書店員の安藤哲也さんが『本屋はサイコー!』という本の中で「文脈棚」の話を書いておられます。図書館でも、POP、表紙出し展示など、あの手、この手を使って、本同士の文脈、あるいは本と世の中のリアルな出来事との関係を見せていく、「棚づくり」という現場仕事が選書とならんでだいじなはずです。

それにつけても、財政難と官僚主義のダブルパンチの結果、多くの図書館で「現場軽視」「現場破壊」「現場放棄」が横行する悲しい現実に接するたびに、出版システムの一部を担う公共図書館も相当に危ない、と思うこのごろです。》

具体例がないことが良くないですね。関係者にしかわからないようなエピソードが入ってこないと、文章が生きてきません。最後の3行も同じような理由で蛇足だと思います。

この3行は削除してしまいましょう。

POPや表紙出し展示などを駆使した「棚づくり」の大切さについて書かれていますが、この程度のことは普通に図書館でやっていただきたいと思います。「図書館はそんなことすらやっていないのか」と思われかねません。

全体として、評論のようになってしまっていることが良くないのですよね。読者がほのぼのとしたり「へぇ」と思うような、現場の人しか知らないエピソードを入れると文章が生まれ変わります。

社内文書編

次に紹介するのは、社内LANシステムについての説明文です。

《旧リモート・システムではダイヤルアップ接続すると、その時点で社内LANに接続していました。新リモート・システムはインターネットから社内LANに接続することができます。ご自宅あるいはホテルなどでインターネットを使える環境であれば、VP

Nクライアントを起動してユーザー認証の手続きをして社内LANに接続することができます。インターネットへの接続環境がない場合は、別途契約のプロバイダ・ソフトを使ってダイヤルアップ接続ができます。旧リモート・システムと違いダイヤルアップ接続しただけでは社内LANには接続できません。接続が完了した時点ではインターネットに繋がっているだけなので、その後VPNクライアントを起動して社内LANに接続してください。》(Fさん／会社員)

これはけっこうウケました。旧リモートではこうだ、新リモートではこうだ、それについて問い合わせがあるとしたらこういうことだ……と文章を次々重ねてしまっているので、リモート・システムの概念をわかっていない人にとっては完全に混乱するだけの文章になってしまっているのです。この文章は手術が必要です。

①インターネット内から社内LANに接続できるようになった、②旧リモート・システムではできなかったのだが、新リモート・システムではこんなことができるようになった、③そのメリットは……ときっちり順序立てて書けば混乱を招かないで済むでしょう。

《――夏季一時金が妥結――

会社から提出された二次回答に対して、組合で協議した結果、会社のきびしい状況を踏まえ、これ以上交渉を続けても好転する兆しがないと判断し、妥結、協定が結ばれました。

会社側は、支給日は未定ですが、なるべく早く支給することを目指し、遅くても月末までに支給したいとの意向です。

それ以外の要求項目については、今後の交渉にゆだねることになりました。》（Mさん／会社員）

Mさんは労働組合の方です。少し意地悪なことを言いますと、「夏季一時金が妥結」というタイトルを見ただけで、本文は読まなくても良いことになってしまいますよね。どうせなら、読んだ人がびっくりするような文章を書いたほうが組合のニュースとしてはおもしろくなります。「夏季一時金が妥結」という記事を200字程度で書けと言われたときに、こういう形以外になりようがないということは、完全に書き手が型にハマっている証拠です。《これ以上交渉を続けても好転する兆しがないと判断し、妥結、協定が結ばれました》というくだりにも、あんたは好転する兆しがないことを知らずに交渉してたのかよッ、とツッコミを入れたくなります。

《支給日は未定ですが》という表現も疑問が湧きます。支給日がいつなのかということは労働者として一番の関心事のはずなのに、なぜ《未定ですが》で済んでしまうのでしょうか。

「夏季一時金が妥結」とタイトルですでに全部言ってしまっているわけですから、中身を読ませるためには、もっとインパクトのある文章にしないと、組合幹部以外は誰も読まなくなってしまいます。

実務文の再生手術

実務文では結論を最初の3行程度で示すことが必要です。

オークションをやってみるとわかるとおり、自分にとっての不用品を人に売るのは大変なことです。それに比べれば、文章を売ったり文章を人に読んでもらうということは、もっと大変なことかもしれません。本来相手には必要ないかもしれないものを、読者の時間を奪って読んでもらうわけですからね。場合によっては文章に対してお金を払って読んでもらうのですから、それなりの工夫が必要です。

文章を読むために読者が自分の時間をさいてくれるかどうかは、文章のタイトルなり最初の引きこみ部分で判断されます。ですから、**タイトルや引きこみ部分はおろそかにはできません**。要するに、**文章のキャッチフレーズをきちんと決める**ことが必要なのです。

例えば写真集や陶器を売るといった場合に、ひとことで言えば何がお買い得なのかというキャッチフレーズを考えるのは必要不可欠なことです。上司を説得するにしても「企画書5枚を全部読んでくれ」という提案の仕方ではなく、「ひとことで言えばこういうことなのです」と説明すればたいていの上司は話を聞いてくれます。文章を書くときも同じことで、ひとことでキャッチフレーズを言える準備をしておくことが大事なのです。

企画が通る構造についても説明しておきましょう。

例えば雑誌で何か特集を組むときには、編集者とライターがああでもないこうでもないと相談したり、あるいはライターから編集部に企画を売りこんだりします。担当編集者が売りこみ企画について「義理があるし、内容もおもしろそうなので受けたい」と思ったにしても、編集長という難関を突破しなければ採用してはもらえません。もともと、こちらの企画に関心がなかったかもしれない編集者を代理人として編集長に話を通さなければならないわけですから、これは大変なことです。

ではどうすれば企画を通せるのか。「ひとことで言えばこういうことなのです」というポイントを、自分の代理となる編集者から直属の上司にしゃべってもらえば良いのです。上司や編集長の壁を突破することを想定してポイントを担当者に伝えておかなければ、企画書や稟議《りんぎ》書は通りません。

大学受験用の小論文講座では「起承転結」の大切さがやたらと強調されますが、実務文においては「起承転結」など無視したほうが、かえって斬新でおもしろいものになります。前に述べたとおり、むしろ「起承転結」の「結」は飛躍させてしまいましょう。せっかく縷々《るる》さまざまなことを言ってきたのに、最後に「バランスが大切だ」などと文章を終わらせてしまったらガクッときます。そもそも2〜3行で結論をまとめるという作業など、大学入試の小論文以外では役に立ちません。

会社の稟議書のフォーマットはだいたい決まっているものです。ですから稟議書のフォーマットからズレたことを書くと、形式的なことで上司から非難されることもあるでしょう。ギリギリまではフォーマットに従うにしても、形式を破ったと思わせない程度のおもしろがらせ方をして、上司の許容範囲を1ミリずつ引き上げていくことが大事なのです。

売文の場合は、①専門家、②身近な人、③取材先の相手、書評でしたら、①一般読者、②著者、③編集者だけを読み手として想定していれば良い。しかし稟議書や企画書は、読者が誰か明確なので難しい。決裁権限をもつ特定の上司からつぶされたらおしまい、ということです。ですから、その上司の壁をなんとしても越えなければなりません。上司の関門をどうクリアしたら良いかを具体的に想定し、「おお、こういう企画書を待っていたんだよ！」と上司から褒《ほ》められる文章を書けば良いのです。

社内で部長や係長の関門を通過しても、最終的には社長の決裁を通さなければいけません。そのためには、自分が出した企画を通せば部長や係長も得点を稼げるということを明示してあげることが大切です。そうすれば、上司は自分の手柄であるかのように部下の企画書を役員に通してくれるのではないでしょうか。

第4章【上級編】ネットで生き残る智恵

啖呵の切り方にも美醜がある

朝日新聞社を辞めてライターになった、現在40代前半の烏賀陽《うがや》弘道氏が、比較的大きなメディアが運営するブログで「連載やめた宣言」を書いて、ちょっとした騒動になったことがあります（http://www.actiblog.com/ugaya/7007）。

簡単に言いますと、《フランス国営通信社であるＡＦＰと、日本のＩＴ産業の覇者・ソフトバンクがタッグを組んだ、言うなれば日本のインターネットニュースメディアのフラッグシップになりうる存在》たるＡＦＰＢＢのブログで、４００字１枚あたり１０００円にて毎週２０００字の文章を書き続けてきたが、月あたり2万円にしかならず、頭にきたので連載を今回で降りる、という次第です。

私には、彼の言い分がさっぱり了解できません。そのような条件であることは最初からわかっていたわけですし、読者の反応がなかったのは、究極的にはほとんどご本人の責任ではないか、と思えるからです。

また、原稿料というものは相場だけでなく、その媒体の収入に圧倒的に依存するのだから、1枚1000円というのは媒体によっては仕方がないとも言えるわけです。

それに、キミは相場で働いていたのか、という疑問も湧き出てきます。ほとんどのブログはタダで書いている人が圧倒的に多いのだし（収益を生まないブログにタダで書くのは経済構造上もあたりまえでしょう）、まあ注文原稿としては確かに最悪ですが、烏賀陽氏は**それを承知で引き受けた**のでしょう。

だから、こうした啖呵《たんか》の切り方は、とてもみっともない。

また烏賀陽氏は、原稿料の相場が400字1枚あたり5000円だとブログで書いていました。これも実際とは異なります。詳しくは『売文生活』（ちくま新書）に書きましたので、気になる方はそちらを参照してください。

元朝日新聞記者氏は、プライドが先行してしまうのでしょう。なぜそんなに元職が気になるのか。むしろ、お気の毒な気がします。

とはいえ、これは「**安い仕事をたくさん引き受け続けたら、どんな職業でも確実に潰《つぶ》れ**

る」という示唆に富んだ話であることは確かです。

喧嘩必敗の方程式

結局のところ烏賀陽氏は、このたびの公然「ぶち切れ」で、ストレスの発散以外に何か得たものがあるのでしょうか。この啖呵は、明らかに彼の価値を下げました。知り合いの編集者や、これから原稿を依頼しようかなと思っていた編集者も多くは「引いた」と思います。

それに、自分の書くものはそこらのブロガーやアマチュアの書くものとは違う、というような表現が彼の文章には何度も出てきますが、こういう書き方も**プロとして脇が甘い**。朝日新聞社にいたときは、全体の売上が良かったから社員記者が高給取りになっていただけで、フリーとしてやっていくには、毎月や毎年の収入を黒字にしていかなければならないので、構造が違います。そのことへの「気づき」が、ようやくあったのかもしれません。

烏賀陽氏はAFPBBのブログについて、原稿料を公開しました。すると、ブログの編集長から電話がかかってきたそうです。

《原稿料の価格をそのまま書くのは契約書でいう「業務内容の秘密」に反するから修正してくれ、そうでないと非表示扱いにせざるをえない、とおっしゃるのです。なるほど。というわけで、原稿料は「X万円」と伏せ字にしておきました。》(烏賀陽氏の追記より)

自分が対価を得ている媒体と喧嘩をするのに、先方から契約書をふりかざされて「修正に応じるか、全文削除するか」と迫られる状況をつくってしまうというのも、ヤバい感じがします。**これでは喧嘩に勝てません。**

公然と喧嘩に負けるのは、喧嘩もできない状況にとどまるのと同様に、まずいでしょう。

また、その媒体の相場が雑誌業界最低の4000円でも、「このテーマでここまで書けるのだから、1万円出しても頼みたい」というふうに相手に思ってもらうことが肝要です。

それは、有名や無名とは関係ありません。

自分にしか書けないもので、なおかつその媒体が「喉《のど》から手が出るほどほしい」と思える素材や内容なら、いかなる媒体でも、原稿を商品として扱っているメディアである以上、必ず良い条件になります。それが基本です。したがって、原稿料の賃上げ交渉を、私は意味あることとは思っていません。

ちなみに、「名前でそれなりの原稿料を取る」という状態は、たとえ原稿が仮に粗雑でも「目次にその名前があれば雑誌が引き締まる」というようなことですから、実績を積むことの意味はあるはずです。

他方、１０００円どころか**タダでもがんがん書くという優秀な人材**が、ネット上にも新書執筆者にもゴマンと出てきている現代にあって、せいぜい「それとあまり変わらない」仕事しかできなければ淘汰《とうた》されるのはあたりまえです。

だから現実的な方程式としては、就職（契約）したままライターを兼業するか、全力を傾けて5～10年程度の修業でその上に突き抜けるか、しかないのではないでしょうか。ここで「その上」というのは、せめて年に10本は「自分にしか書けないもので、なおかつその媒体が喉から手が出るほどほしい」ものを書ける人、または「その名前が目次に出れば雑誌が映える」人のことを想定しています。

「ブログ炎上」考（その1）言葉の地雷

他者に向かって文章表現をするに際して、差別用語という「踏むべきでない地雷」があります。どのような言葉が禁句となっているのかを熟知しておく、というよりも、**不用意に他人や属性を貶《おとし》めない**、が大原則です。

反論や批判に対して、幾重にも耐える論理的準備があれば、敢えて「その言葉」を使う、ということはあっていいでしょう。言論の自由や責任とは、そうやって1ミリずつ守ってゆくものだと思います。

一部の評論家らが中国を「支那《シナ》」と呼び、私が「精神障害犯罪者」と書き、あるいは凶悪殺人を犯した少年を実名で明記するのも、いかなる反論にも応えるという構えで敢えてそうしているわけです。

「気違い」という言葉は、日本語ワープロではそのまま出てきません。「部落」も、歴史に深く学ばず安直に使われるべきではないでしょう。しかしその2つをドッキングした『気違い部落周游紀行』（きだみのる著、冨山房百科文庫）という書物は、今でもちゃんと流通しています。その冒頭部分で「気違い部落という文字の使用について」という節を設け、**敢えてこの言葉を使うのだという強い意思とその理由**を著者は説明しています。この本は昭和23年に発行され、その後また昭和56年に復刻されて版を重ねてきました。

《私はこれらの勇士たちに釈明しておく必要を感ずる。私が気違い部落と書く代りに愉しい村、面白い村、模範部落としても、これらの表題は、叙述の一語を改めずとも内容を裏切ることはなかったであろう。表題はより多くの心理的パースペクチブに関係しているのだから。

だがもし部落の勇士たちが、自己を常に中庸或《あるい》は中道を歩き、その行動の基礎をなす判断は、一般の人がしかく思いこみたがるように、恰《あたか》も常に謬《あやま》りなく中正であると信じる習慣を持って云々《うんぬん》しているのだったら、彼等は殆《ほとん》ど存在しない中庸人の地帯上にあるというよりも、むしろ真実に気違いに属する症状を示していると考うべきであろう。》

文句があるならどっからでもかかって来い、という熱気を発散していますよね。

もちろん、「敢えて書いた」からといって何でも許されるわけはありませんが、やはり

「不用意な発言」が執拗な批判にさらされるのは世の常です。

この原理原則は、現在のネット時代にも変わりません。

「ブログ炎上」考(その2)憂さ晴らし

ある世代にとっては、炎上と言えば水上勉の『金閣炎上』あたりを思い浮かべてしまうことでしょう。平家物語には「善光寺炎上」という一節が見られます。

すみません、つい教養があふれ出てしまいました。

私が言いたいのは、「気違い」や「支那」とブログやメルマガに書いたからと言って、必ずしも炎上はしないという点です。いや、そもそも**活字の世界では炎上はありませんでした**。もちろん昔から、反論や嫌がらせや糾弾はあります。活字を使った反論は、悪く言えば特権的であり、良く言えば編集者の目をパスした「まとまったもの」しか掲載されなかったのです。しかしブログの世界では、賛否や共感や嫌がらせや糾弾の嵐が、脊髄《せきずい》反射的になされます。良く言えば開放的であり、悪く言えば「たった数行で論陣を張れたと思うなよ」です。

試みに、3種の現代用語年鑑（2006年版）を引いてみましょう。「炎上」は『イミダス』や『知恵蔵』には出ていません。まだ旧来の一般用語扱いというわけですね。が、『現代用語の基礎知識』にだけありました。

《炎上……ブログ執筆者に対して反発した読み手などが、コメント欄に反論・批判・揶《や》揄《ゆ》・誹謗《ひぼう》中傷などを大量に書き込むこと。長くても半年、たいてい3カ月も放置すれば勝手に沈静化する。》

まあ、そういうことです。ただし、そこそこ著名なブログや、実社会で名の知れた人のブログでしか、炎上が話題になることはありません。なぜ《コメント欄に反論・批判・揶揄・誹謗中傷などを大量に書き込む》のかと言えば、相手をヘコませてやりたい、謝らせたい、凱歌《がいか》をあげたい、というようなことが目的とされている場合が多いのだと思います。心情的には「影響力の行使」願望ですよね。実際には、「影響力が及んだことを確認したい」、もっと端的に言えば「**憂さ晴らし**」です。

こういう匿名の人たちが、普段も学校や会社で同じことをしているかと言えば、そうではないでしょう。しかし敢えてここで、炎上させられる側に視点を移してみると、やはりネット社会でも「迂闊《うかつ》な発言」をしたからだ、と言えます。

一例を挙げておきましょう。

「ブログ炎上」考（その3）ターゲット

前々回の長野県知事選（2002年9月1日投票）に向けて立候補し、選挙資金集めパーティーまで開いておきながら、ほかの反・田中康夫陣営と談合して候補を降りた花岡信昭氏のブログが、見事に炎上したのもまさに迂闊《うかつ》さゆえでした。

同氏は、《「モーニング娘。」が日本語を潰した》と題するエントリーで、何を今さらと思われる不用意な発言をしました。

《新聞の世界に30数年生きてきて、いまもなお、ものかきを主体とした仕事をしているが、「……。」という書き方はしてこなかった。〔中略〕わがデスク周辺の乱雑に積み上げてある雑誌、週刊誌、単行本など片っ端から点検してみたが、「……。」という表記は見当たらない。〔中略〕考えてみれば、「モーニング娘。」が、いけないのだ。名前に「。」をつけたことがきわめて効果的に作用したように思える。これは日本語の表記を崩すものである。》（「花岡信昭ウェブサイト」2006年6月3日）

こんなことを書けば炎上するのは目に見えています。理由は、**不用意かつ無知かつ無防備かつ脇が甘いから**です。

しかし花岡氏は、長いあいだ新聞記事や論説しか書いたことがなかったためでしょう。1つの記事に対して読者からの電話やファクスや投書と言えば、普段はゼロ、せいぜい数名が日常だったはずです。100名程度の読者から感想が寄せられようものなら、それは全国紙的には「大反響」なのです。数百万部も発行される新聞に、何かのイベントを告知しても今ではほとんど人集めなどできませんが、一声で数十人ないし数百人を集められる個人サイトやブログは少なからず実在します。

花岡氏は、ブログ炎上の4年前に産経新聞論説副委員長を辞して長野県知事選挙に中途半端な立候補をしてしまった御仁《ごじん》です。もともと、このようなへっぴり腰の評論家は狙われやすいのでしょうね。がんがん突っこめば、簡単に謝りそうに見えます。

花岡氏のブログには従来、コメントやトラックバックは滅多についておらず、多い日でもせいぜい数個程度でした。ところが、《「モーニング娘。」が日本語を潰した》をネット上にアップした直後から、数百もの反撃が寄せられ、瞬《またた》く間に炎上してしまったのです。ネット的に驚くべきはむしろ、このような事態を1ミリも予想していなかった元論説副委員長の無防備さでしょう。

すぐに両手を挙げて、花岡氏は全面的に降参しました。

《多くの「モーニング娘。」ファンのこころを傷つけ、不快感を与える結果になってしまったことをお詫びいたします。該当部分を削除し、謝罪いたします。》(同6月5日)

削除した一文で花岡氏は、《モー娘。》が《**歌は下手でダンスもまずくエンターテインメントの域には達していない**》と罵《ののし》っていたのです。

確かに、その指摘自体は事実でしょう。

うそうそ。

→とまあ例えばこういうふうに書いておけば炎上なんかしないわけですが、元産経新聞論説副委員長やら大学教員やらの肩書きをひけらかしながら不用意に書いたことが、炎上した最大の理由です。しかも、ジャーナリストを名乗りながら、今ごろ「モーニング娘。」の「。」が日本語を壊しただなんてコラムを書くこと自体が、時代錯誤でした。

モーニング娘。というユニットが結成された際にステージ上のモニターに間違って「。」がついており、番組の司会をしていたナインティナインが「。」についてお笑い的に突っこんだ結果、本当に「。」をつけることに……という経緯があったのは10年近くも前（1997年9月14日放送）のことなのです。日本語の歴史を少しでも振り返れば、「、」や「。」の使われ方はどんどん変遷してきたことなど、すぐにわかります。

もちろん、その程度は調べてから論じろよ、という話ではあるのですが、彼にはその程度のことが無理だったとしても、《わがデスク周辺の乱雑に積み上げてある雑誌、週刊誌、単行本など片っ端から点検してみた》という根拠だけで《これは日本語の表記を崩すものである》と断じてしまう強引な筆運びは、最初から引火の要因を秘めていたと言えます。かつて花岡氏が敵前逃亡した田中康夫氏への恨みが動機としてあったのではないか、とすら思えてきます。田中氏のデビュー作は『なんとなく、クリスタル』です。本のタイトルに句読点をつけた先例でした。

ともかくこうして花岡氏のブログは大勢の攻撃を食らい、めらめらと炎上し、凱歌が挙がり、今ではすっかり「静けさ」を取り戻しています。

花岡氏のブログには、少数ながら特定読者がついていました。結局のところ、その大事な読者は引きまくり、花岡氏の名前も知らなかった大勢の炎上参加者たちは、今ではやはり氏の名前も覚えていない可能性が高いでしょう。

この炎上事件で、花岡氏が書き手としてトクしたことは1つもないのです。

自分のマーケットをもつ

コピーライターの糸井重里さんは『インターネット的』（PHP新書）の中で、《市場を持つ奴が一番強い》と書いておられました。まったく、そのとおりです。例えば毎日新聞は読者をもってはいますが、市場（マーケット）はもっていません。しかし宝塚歌劇団や劇団四季は、自分たちの市場をもっている。観客が劇場に来れば、舞台を見せるだけでなくパンフレットやグッズを買ってもらうこともできます。ファンクラブをつくって会員を囲いこみ、飽きさせない工夫をしながらいい思いをしてもらうこともできるでしょう。そうした工夫を経て、リピーターのお客になってもらうわけです。子ども専門写真館として全国に店舗を展開しているスタジオアリスなど、そういうことを明確にやっている企業です。既存のマスメディアでも、「日刊ゲンダイ」は通販サイトを作り、読者にモノを買わせています。私もメルマガを通じ、これまでオーダーメイドシャツや塩や本棚や椅子などいろいろなものを売ってきました（詳しくはPDFファイル『通販講座〜ネットの活用と通販の極意〜』を参照／販売は日垣隆ホームページにて）。私の場合、まだ小さい市場ではありますが、たとえ小さくても自分の市場をもっていれば、モノを売ることはできます。

反面、新聞は自分たちの紙面に広告を出していながら、宣伝しているモノを新聞の購読者に直接買わせることはできません。朝夕配達できるのは、新聞と自社の出版物のみです。なぜほかの商品も一緒に配達できないのか。新聞社が旧態依然の経営状態だからでしょう。**朝日新聞は購読者が８００万人いると威張っていながら、その８００万人の購読者名簿すらもっていない。**購読者の名簿をもっているのは販売店です。こんなことは、モノを売る側にとっては異常なことだと知るべきでしょう。

例えば楽天ならば、お客さんに楽天イーグルスの試合のチケットを買ってもらうことは雑作《ぞうさ》もなくできます。自前の顧客名簿をもち、顧客にインフルエンサー（＝使える商品にいち早く目をつけ、口コミで周囲の知人を買いに走らせることができる人々／詳しくは日垣隆『刺さる言葉』角川oneテーマ21を参照）になってもらうことによって販売を広めていくのが、最も健全な経営のはずです。これから一番危ないのは、顧客名簿すらもっていない新聞社のような業態だと思います。

昔、ある作家が「自分の本が書店で売れるのを見たことがない」と書いていました。それを読んだとき、私は文筆業界とは恐ろしい世界だな、と思ったものです。生産者が自分の商品が売れていく場面を見たことがないなど、ほかの業界ではありえないことではないでしょうか。新聞社だけではなく出版社も、読者を自ら**囲いこみ**にいかなければ危ないと思います。

自分の例を少しだけ挙げますと、例えばこんな工夫をしています。

サイトに日垣本の注文が入ると、すぐに名前を検索してメルマガの定期購読者か否かを調べます。注文者が岡山の方でしたら、「岡山では昨日の台風はいかがでしたか？」など、何かしら個人に宛てた一文を添える。もし注文者がメルマガの購読者でなければ、メッセージとともに「よろしければ本が届くまでお楽しみください」とメルマガを2号ほどサンプルとして送ります。こうした工夫をするだけで、一度でも私の本を注文した人がメルマガの購読者になる割合は58%にものぼるのです。

私はオーダーメイドのシャツ（ワイシャツ）をサイトで何度か販売したことがあります。どんな層に売れたのか、リピーター率は何%か、とデータもはじき出しました。少し前には、北朝鮮やイラクのお札をメルマガ読者に無料プレゼントする、という企画をやりました。メルマガで案内を出したときに、だいたい何人ぐらいの応募があるのか。そのことは、過去さまざまなことをやってきたデータからあらかじめ予想がつきます。

男性用のオーダーメイドシャツを作ったときに、いろいろ調べてみました。実は男性よりも女性のほうがオーダーメイドシャツをほしがっているのではないか、と途中で私は気づいたのです。なぜかと言うと、女性用のシャツは9号、11号、13号と画一的なサイズしかありません。当然、自分の体型が規格に合わない人も大勢いるでしょう。ならば女性のオーダーメイドシャツも作ってしまおうと、今準備を進めているところです。売文生活をやめてシャツ屋に転職しても生活していけるくらい、ノウハウが次第に蓄積されてきました。

「いきいき」というシニア向けの雑誌があります。定期購読者だけに販売している雑誌で、非常によく売れています。その編集長がインタビューに応え、**読者急増の秘訣**を語っていました。あるとき、マツケンサンバの優待券をプレゼントする企画を載せた。すると、5万通もの反響があったそうです。チケットは1枚4000円のコストがかかったそうですが、おかげで定期購読者の定着率がものすごく上がったというのです。いろいろな意味で読者を楽しませてくれる雑誌なんだ、というイメージを与えることによって、リピーター読者が増える。そういうノウハウも、早速私のメルマガでは応用させてもらっています。

ネットへの回路を閉ざさない

ヨーロッパでは、今1200局ほどのラジオ番組をネット上で聞くことができるそうです。日本でも、だんだんとそうなってきました。動画の世界では、グーグルとヤフーが動画サーチエンジンの開発競争を繰り広げています。動画サーチというのは、例えば「恋愛」「韓国」といったキーワードを入力すると、それに関するドラマや映画、ビデオクリップなどが一瞬にして検索できるシステムです。無料で観られるものもありますし、料金を払って観るものも含まれます。今はまだ普及途上ですが、ネットは近い将来、確実にテレビやビデオに取って替わるメディアになるでしょう。テレビを使って映像を楽しむのではなく、ネットを通して映像を受信することがあたりまえになる時代がやって来ます。

グーグルの動画サーチが普及していけば、テレビやラジオの危機は相当深刻になるでしょう。近い将来、確実に動画つきのブログが登場します。音声と画像を取りこんだブログが増えれば、何百万人、何千万人のニュースリポーターが出現したのと同じことです。そちらのほうがおもしろいということになれば、情報はテレビではなく動画ブログに集中することになります。

情報がどんどんブログに集中すれば、さらにおもしろいものが作れるでしょう。「週刊新潮」には「掲示板」というページがありますが、ブログの世界であれば掲示板方式で情報収集をするのは簡単なことです。

評論家の宮崎哲弥さんが「1つのナショナリティは、共通の番組を観ることによって作られる」と言っていました。アフリカへ行ってみるとわかります。確かにそれは宮崎さんのおっしゃるとおりなのです。また、アメリカにはケーブルテレビ局が600局もありますが、やはりまだ三大ネットワークのほうが影響力が強い。マスメディアには同時代性、共通性を担保できる側面があるのです。その「同時代性」の基盤が、ネットメディアの到来によって崩れつつある。

ネットの世界では、クリック1つですぐにドラマや映画を観られる時代が近づいてきています。クリックした映像はそのままパソコンのハードディスクに保存し、何度も再生できる。ペイ・パー・ビュー（番組を視聴するごとに料金を支払うシステム）も、スカパーを通じてだんだんと普及してきました。すでにネットテレビでも、ペイ・パー・ビュー方式が始まっています。例えばネットの「第2日本テレビ」では、ダウンタウンのオリジナルコント（課金制）が公開され、話題になりました。既存のテレビに新しいメディアが取って替わる時代は、確実にやって来るのです。

ネットでモノを書くと、必ず意見を寄せてくれる人がいます。以前私が「八丈島の流刑《るけい》者について調べたい」とメルマガに書いたところ、すぐに10冊もの関連書籍を送ってきてくれた人がいました。少年の再犯について書けば、デンマークの専門家からメールが届き、デンマークの少年犯罪の現状を事細かに教えてもらえます。そのメールに対して私が質問を出したところ、「資料を送りましょうか」とまで言ってくれる。私は以前、刑法39条の問題を本に書きました（『そして殺人者は野に放たれる』『偽善系』など）。それを読んだ検察官から相当な数の資料が届き、ていねいに現場の実情を教えてもらうことができました。ネットでモノを書くと、情報がどんどん集まってきます。

どんな分野でも、自分より詳しい専門家はたくさんいます。一介のライターでは、長年研究をしてきた第一人者にかなうものではありません。そのことを逆手に取り、**専門家の読者から知識をありがたくいただいて利用**すれば良いのです。ネットを使っていますと、必ずストーカーやクレーマーの被害には遭います。だからといってネットの回路を閉ざしてしまうのは、実にもったいない。

メディア王のルパート・マードックは、「若い世代はメディアを支配したがっている」と言いました。今の若者はメディアにコントロールされるのを嫌い、逆に支配しようと乗り出しているというのです。今まで読者や視聴者だと思っていた人間が、実はすでに発信者にすり替わっている。そういったメディア全体の構造をしっかり捉えたうえで、自分なりの処方箋を考えていかなければなりません。

有料メルマガが微増しているけれど

山岡俊介氏という、腕っこきのライターがいます。

ご本人のプロフィールによれば、《2003年12月2日、世界有数の億万長者、「武富士」会長（当時）・武井保雄を塀の中に追いやったジャーナリスト》で、《1959年8月、愛媛県生まれ。高知県立追手前高校卒、1浪して上京し、神奈川大学法学部入学。卒後、法政大学大学院人文科学研究科日本史学（近・現代史）修士課程に進むも中退。零細編集プロダクションに2年半在籍し、29歳よりフリーに。91年1月より「週刊大衆」の専属記者を務めながら、「噂の真相」、「財界展望」などを中心に記事執筆》。

この山岡さんという方がおやりになっている「ストレイ・ドッグ」というブログ（http://straydog.way-nifty.com/）が有料化されるということで、一部で少々話題になりました（有料化後は「アクセス・ジャーナル」と改称）。どうすれば日本で有料メルマガが成功するか、という話にはここでは触れません。ここでは、山岡氏が「有料化について」という文章で明かしている問題点について、考えてみたいと思います。

山岡氏は、有料化をこう切り出しました。

《04年10月9日より始めた本紙ですが、4月17日（月）より有料化することにしました。
この約1年半、ほぼ毎日、発信して来ました。
もちろん、「無料」ということあってのことですが、次第に話題を呼び、最近は平日

で4万～5万件、休日でも2万～3万件のアクセスがあるようになりました。》（2006年4月2日）

すごいですね。有料化しても読者数が大きく減らないことを祈るのみです。無料だったものが有料になるに際しては、読者数の減少をどこまで食い止めるか、という点が小さからぬテーマになります。

私のメルマガ読者は無料時代より現在のほうが多い。そういうケースはあまり参考にはならないかもしれません。ただ、最初から有料化すると宣言して始めた無料メルマガと、途中から「ゆえあって有料化したい」と言われた場合とでは、読者の受け止め方も違うでしょう。部外者ながら、ちょっと心配です。

いずれにせよ、有料には有料の、無料には無料の長所と短所があるのですから、一概には比較できません。ひとまず、別のメディアと考えたほうがいいでしょう。

途中から有料化しようという場合に問われるのは、「ゆえあって有料化したい」の説得力です。

裁判費用捻出のための有料化？

山岡氏は有料化に際して、こんなことを言っていました。


《しかし、それと共に困ったことが起きました。

影響力が多少ともついた分、名誉毀損のリスクが高くなったわけです。

実際、すでにパシフィックコンサルタンツという企業には該当記事すべての削除を求められ、仮処分申立をされました。これは勝訴したものの本訴され、現在も係争中です。

〔中略〕

繰り返すように、本紙はこれまで「無料」でやって来ました。

しかし、そのうえ、度重なる嫌がらせの訴訟提起、ついでにいえば盗聴、自宅の放火等、もちろん、それらは記者の勲章と捉え、徹底して争うつもりですが、そうはいっても弁護士費用に加え、訴訟準備に取られる時間とてバカにならず、本紙・山岡とてもちろん生身の人間ですから、もはや限界に近い状況です。〔中略〕

すでに課金システムは出来上がっており（クレジット決済方式）、繰り返しになりますが、4月17日（月）から課金させていただきます。

それと共に、配信記事は「無料」では、タイトルと記事のごく一部しか閲覧できなくなります。》

課金はもちろん良いのですよ。ご自由に、と思います。

しかし、《該当記事すべての削除を求められ、仮処分申立をされ》たりするのは、ネット世界に限らないのではないでしょうか。《度重なる嫌がらせの訴訟提起、ついでにいえば盗聴、自宅の放火等》も同様です。

そういうことは、ジャーナリストならば、つきまとうものでしょう。

ただし、仮処分の申し立てや提訴は合法であり、盗聴や放火は犯罪です。この2つを同列に論じることはできません。法的な争いは、受けて立つか、ものによっては徹底的に無視すべきです。それ以外の選択肢はありません。

山岡氏は、《弁護士費用に加え、訴訟準備に取られる時間とてバカにならず〔中略〕もはや限界に近い状況》と言っておられるわけですから、こういうことにお金がかかることをあらかじめ想定していなかったのか、と私は新鮮に驚きました。

そのような事態が起きうることをあらかじめ想定しておくべきでは、という私の主張は間違っているでしょうか。

逆に言えば、そのような構えや準備が整っていないのに、相手から手痛い反撃を食らう可能性の高い文章を公に書くのは時期尚早なのではないか、と言っているだけです。

だから、《それと共に困ったことが起きました》という有料化の口上が、潔《いさぎよ》くないなあ、と思えました。

プロが有料でものを書くことに、口上など必要ないでしょう。

ついでながら、これと比べれば全然大した問題ではありませんが、《「有料化」にする以上、個人的趣味を出さないのは当然ですから、気に入っていたパグ犬の写真は削除します》というのにも、びっくりさせられました。

個人的趣味を出したら有料化できないと、この人は言っているわけです。個人的趣味と個人的関心は、もちろん違うとは思います。ここで銘記したいのは、それら両方に加え、取り扱うテーマの幅広さや意外性、読者サービスのないブログやメルマガが長きにわたって読まれ続けることはないということです。

結局、山岡氏は「4月17日」をいったん延期し、さらに再延期して「5月8日」に有料化をスタートさせました。

ネット上のクレジット決済は安全!

私は、多くの無料ブログに敬意を表しつつ、プロのライターが採算のとれない文章を大量に書くのはどうなのか、と若干懸念してきました。

もちろん、すべて無料でオープンにしてゆく、というのが時代の流れであることは承知しているつもりです。しかし、そのような時代状況だからと言って、個人もそれに添い寝するしかない、ということにはならないでしょう。大状況と処方箋は、有機的に関連してはいますが、とりあえず別のことです。だから私は、同業者の「有料化」をさまざまな形で応援してきました。ノウハウも公開しています。

ところで、山岡氏のブログに対してなされた「コメント」や「トラックバック」に、クレジット課金は嫌だ、という意見が少なからず見られたので、はっきり言っておきます。

こいつらは、クレジットカードをろくに使ったことがないね。

クレジットカードは、路面店やATMで勝手に使われる危険性のほうが、ネット上で使われる危険性よりずっと高いのです。

リアル社会ではキャッシングされたり、ものを大量に買って換金されたり、ということが確かにありえます（そういうことになった場合に代金を払わなくて済む信用性の高いカードをもつべきです）が、ネット上でそれはほとんど不可能です。

通販では「お届け先」を明記しなければなりません。嫌がらせで注文されてしまうことはありえますが、それは出前でも同じです。だからネットではむしろ、詐欺犯の足がつきやすいわけですね。

ましてや、有料の情報を購読して（メルマガやネットの会員になって）クレジットカードで課金される場合に、他人が「なりすます」のは無意味であり、それなりの金額を詐取するのは不可能です。

万一詐取が起きえた場合にも、カード・ホルダーに実害は発生しません。その実害はせいぜい1カ月分であり、発行側と課金代理店側で万一の損失分は補填《ほてん》するシステムになっているからです。

皆さまも、どうかご安心ください。

第5章　発想の訓練法

最低3種類の読者を想定する

５０００円札の樋口一葉が生前に出した本は、博文館から出た『通俗書簡文』１冊だけです。しかも本を出したその年に、彼女は亡くなってしまいました。『たけくらべ』などは彼女の生前に本にはなっていません。

『通俗書簡文』は、謝罪の仕方や恋文の書き方などを紹介する、手紙の書き方のハウツー本です。『通俗書簡文』はなかなか文学的でして、ここに書かれていることを真似れば、交渉をするとき、トラブルに遭ったとき、お願いをするときの文章などがすぐ書けます。借金をするときの文章など、彼女自身がしょっちゅう書いていましたので実に秀逸なのです。

文章修業とは寺子屋の第一義的な任務でした。当時の文章は候文《そうろうぶん》が主流で、文章の末尾は「御座候《ござそうら》へども」など必ず「候」で終わります。ガチガチに形式が決まっている漢文から影響を受けていたのです。**江戸時代や明治時代の文章修業とは、その形式を完全に学ぶことでした。**

第3章で、半ば冗談のようにエッセイを論文に変える方法を紹介しました。形式さえ飲みこんでいれば、グチャグチャした文章でも論文口調に書き換えることができてしまいます。文章の形式の問題を理解していれば、マジックのように文章を生まれ変わらせることもできるのです。メールでも、形式的な技巧を駆使することによって、相手が感銘を受けるような書き方に改善することがかなりできます。

プロでしたら、文章を書くときには7種類程度の読者層を想定しなければなりません。**プロでない場合にも、少なくとも3種類の読者は想定**したほうが良いでしょう。**①身内の読み手など、自分に興味をもっている人、②上司や取引先、③意地悪な人、**の3種類ですね。その3種類の読者に加えて専門家、さらに高校生や子どもなどまったく予備知識がない人を含めていけばなお良いと思います。

メモはアウトプットの溶鉱炉

メモをすることは文章を書く人にとって絶対的に必要なことです。いつかやろうというのではなく、今日から始めたほうが良い。メモ用紙は枕元やトイレなどあちこちに置いておいたほうが良いでしょう。よほど記憶力の良い人でない限り、メモをしておかなければせっかくのアイデアも忘れてしまいます。コピーライターの糸井重里さんは、今でも年に何回か、お風呂からわざわざ一度上がってアイデアをメモすることがあるそうです。糸井さんは、**メモをすることは「考えに対する敬意」である**、と表現されていました。

会社の帰り際に、翌日書かなければならない謝罪メールについて骨子はAとB、とメモをしておく。すると電車の中でAとBについての具体的な文面が急に思い浮かぶことがあります。

何をメモするかということも問題です。人にインタビューをするとき、本を読んでいるとき、文章を書いている途中にいろいろなことを思い浮かべることがあります。人の話はテープに収めておけばあとで確認できるでしょう。しかし自分が頭の中で考えたことは、メモをしておかなければ忘れてしまいます。人の話を聞いているときにとんでもないことを考えてしまったり、発見してしまうことがありませんか。それを忘れずにメモし、後で文章化することがオリジナリティにつながります。

社内会議やパネルディスカッションなど、あらかじめ人前で話をするとわかっているときには、決まった時間内にどんなふうにプレゼンテーションするのか、事前に文章に書いておくと良いでしょう。とくに「自分はどちらかというとしゃべりよりも文章のほうが得意だ」という人は、しゃべる内容は必ず文章として書いておく。そのメモを1〜2日置いて、全部忘れてしまった場合はたいした内容ではないということです。

さらに、メモを元に少し長めの草稿を書いておき、それをただ暗記するのではなく箇条書きに分解し、**緊張して頭が真っ白になったとしても2点だけは言えるように準備しておく**と良いでしょう。書いておいた文章を全部覚えようと思っても、失敗してしまうことが多いですからね。本番で完全に緊張して大半のメモの内容を忘れてしまったとしても、「このことだけは言おう」というポイントは押さえておく。そのポイントを確実に忘れないようであれば、付随して2つぐらいのことをしゃべろうと欲を出してみることです。ポイントとなる2〜3点のメモを、立ち上がる直前やしゃべる直前に見るようにすれば、緊張していてもだんだんうまくしゃべれるようになります。

文章を書くうえでも、メモの段階で見出しと項目を先に決めてしまうことです。例えば1週間後に何か企画書を書かなければならない場合や、翌日に謝罪の文章を書かなければならないような場合、とりあえずメモをして文章の組み立てを考えてしまうのです。件名をあらかじめ書いてしまうということですね。

例えば謝罪文の場合、まず「このたびは申し訳ありませんでした」、2番目に瑕疵《かし》が起きてしまった理由を2つ書いてみる、3番目に「送料を負担しますので返品してください」とか「申し訳ないので私が取りに伺います」などと穴埋めの仕方を提案してみる。例えばそれら3項目について、あらかじめメモを作っておくのです。

飲みに行ったときにでも「あの謝り方では相手がまた怒り出してしまうのではないか」「こういうことを言えば相手がもっとスムーズに受け入れてくれるかもしれない」と考えが変われば、メモをしておいて翌日修正すれば良いでしょう。

翌日何か文章を作らなければならないような場合、前日の帰り際にでも3つメモを書いておけば、考えたことが後で肉づけとなります。その意味では、**メモさえあれば、文章を書くスピードは確実に速くなる**はずです。

このあたりの発想やノウハウについては、『知的ストレッチ入門』（大和書房）を参照してください。

本番前にメモを書く

メモを取ったり辞典を使いこなすのは、インプットではなくアウトプットの過程で行なう作業です。後でアウトプットすることを前提としなければ、メモを取ったり辞書を引くことはできないでしょう。何かをやらなければいけない、まとめなければならない、書かなければならないということを脳細胞が認識しているからこそ、文章の構成をメモできるのです。

「○月×日にこういう文書をまとめなければいけない」という認識が脳になければ、インプットはほとんど意味がなくなってしまいます。インプットを意味あるものにするためには、結論はまだ見えていないにしても、だいたいどんな報告書になるのかというポイントを3つくらいは書き出しておく。そのメモができていれば、後で文章を書き上げるのは非常に楽になります。**メモができていないと、いざ文章を書く段になってうなり続けること**

になってしまうのです。

探偵でも警察官でも、事件の容疑者に質問をしなければなりません。企画書を作るにしてもキャッチコピーを考えるにしても、相手のニーズを訊《き》かなければ作業の進めようがない。上司から「ちょっと手紙を書いてくれ」と言われた場合、上司がどんな意図をもっているのかきちんと訊かなければなりません。

一昔前でしたら人にインタビューをするのは記者の専売特許でしたが、今では誰でもどんな場面でも、相手のニーズや発注者のニーズをインタビューする必要に迫られます。例えば子どもの進路希望について文章を学校に提出するにしても、親が子どもにインタビューしなければ文章は書けません。

ではどうすれば、インタビューで良い質問ができるのでしょうか。インタビューに備えて**事前に100個程度の質問項目を立てるとすると、本番ではそのうち良いもの10個に質問を絞る**のです。インタビューの時間を2時間と約束していたにもかかわらず、先方の都合でどうしても5分しか時間が取れなくなってしまうような場合があります。2時間から5分にインタビューの制限時間が短縮されてしまったときに、一番質問したいのはどの項目なのか。そこを考えてインタビューをしてみると、98個の質問を捨てても2個で事足りてしまう場合があります。

一方、下手をするとどうでもいい質問2つしか訊けず、肝心なことを訊きそびれてしまう失敗があるかもしれません。ですからインタビューの際は、質問項目を思いつく限り20でも30でも書き出しておいたほうが良い。そのうち大切な1割は、実際のインタビューで確実に押さえるのです。本番で使わなかった残りの90個は、補足程度だと考えておけばいいでしょう。

ネタを万人向けに変奏する

何かを調べて文章を書くのは意外に楽なことです。何も調べずに文章を書くことができる人は、かなり才能があるのでしょう。取材をしたり旅行したことを文章に書くことは、自分の第一次的な見聞を元にできますので、それほど大変なことではありません。

私的な関心に「なぜ」と問いを立ててゆくと、社会との関わりについて考えていかざるをえません。すると、私的な関心が公的な関心へと昇華してゆくのです。自分の体験をただ素材にするだけではなく、いかに自分の体験を公的なものへと高めていけるかを考えていきましょう。

文章を書いていくと、自分がわからないことや次に調べたいことが確実に明確になります。**考えて書いて、調べてまた書く。**その作業を繰り返していかなければ、次のステップへは進めません。つまり、書くことと考えることはほぼイコールなのです。

個人的な体験、旅行や思いだけで文章が完結していたら、エゴイスティックで自己完結的で自閉的な内容になってしまいます。そうではなく、私的な体験を公的な文章へと変奏していければ、ネタは尽きません。普段経験していることや過去の体験は無尽蔵にありますからね。

それから「これはうまい」と思う文章に接したときには、どこがどううまいと感じたのか、ひとことで説明する習慣をつけていくと良いと思います。表現するということは、何かを否定して何かを肯定し、何かを提案することなのです。

すべて肯定するだけでは、文章として成立しえません。「小泉さんがこう言っている。私は賛成だ。終わり」では文章にはならないのです。ただ全肯定するだけでしたら、何も文章など読まなくとも小泉さんの発言をそのままなぞればいいだけの話ですからね。

そもそも文章とは、**人がやっていることについて、①この部分は否定したい、②ここの**

部分は肯定したい、③ここは改善や提案をしたい、この3つで成り立つものなのです。

なぜ書くのか、なぜ考えるのか――。今まで言われてきたこと、書かれてきたことに対して不満や違和感があるからこそ、人は文章を書くわけです。人が言っていることに違和感がなければ、文章なんて書きたいとは思わないでしょう。ただし人の言うことを批判する限りは、立証責任があります。なぜ相手が間違っているのか、ある部分を否定することに関して、それはなぜなのかをきっちり挙証できるかどうかに、文章の質はかかってくるのです。

『反論の技術』（香西秀信著、明治図書）には《考えるということは、反論し、否定することなのだ》とありました。また1960年代に出た清水幾太郎の名作『論文の書き方』（岩波新書）には、《本当の批判というのは、一度は自分が渦に巻き込まれて、溺れそうになって、悪戦苦闘、そこから辛くも身を解き放つ場合に初めて成り立つのであろう》。《書くという働きを行った後に、漸《ようや》く読むという働きが完了することが多いようである。〔中略〕読む人間から書く人間へ変るというのは、言ってみれば、受動性から能動性へ人間が身を翻すことである》とありました。

本質をひとことで捉える

企画書を書く際には、**「要するに？」「So what？」の部分が肝**となります。要約力について、『伝わる・揺さぶる！文章を書く』（山田ズーニー著、PHP新書）という本に次のようなことが書いてありました。息子は自分の恋人が留学してしまうことについて、母親に愚痴をこぼします。それに対して、母親は何と答えたか。

《**息子**　俺は、べつに彼女をしばる気はないんだ。彼女は自由だし、やりたいことをやればいい。だから、彼女が留学するのは、ちっとも反対じゃない。ただ、ここで問題なのは、彼女の動機だよ。安易な留学ブームにのっかってるだけじゃねえか、だいたい、そんなあいまいな気持ちで留学したって、逃げてるだけじゃ……

母　淋しいんだね、おまえ》

要約というのは、まさにこういうものを言うのでしょう。短い言葉に要点を押さえようとすると「○○についての××」という言い方になりがちですが、本当に的確な要約とはこの母親が言ったようなことなのです。息子がいろいろ言っていることに対して、要するに「彼女に留学に行かれちゃうのがお前はさびしいんだね」と要約するとは、非常に優れている。

恋人の片方がプレゼントをくれたのに相手がお返しのプレゼントをよこさないといったときに、彼氏のほうがああだこうだと文句を言っていたとします。それに対して「キミはプレゼントについて『贈与は対等であるべきだ』と主張しているんだね」などと言ったら、妙な話になってしまうでしょう。そんな言い方では、全然要約にはなりません。グダグダ友人が言っているのを聞いて、「お前よっぽど彼女に惚れているんだなあ」と本質をひとことで捉えるような要約の仕方が大事だということです。

アウトプットの回路を作る

文章を書くときに、自己ツッコミの入れ方やキャラの立て方などいろいろ工夫していると思います。最近では私的な文章より公的な文章を書く機会のほうが増えてしまいましたので、皆さん苦労しているのでしょう。公的な文章は特定の知り合い以外の人も読みますから、書き手は読み手との距離の取り方がわからなくなってしまいます。それは読む側にとっても同じで、書き手がどんな人なのかわからなければ、書き手との距離が取れずに文章が読みづらくなってしまうのです。

野口悠紀雄さんは「知らないことがあったら、まず書いてみよ」と言っています（『「超」文章法』中公新書）。多くの人は自分が知っていることについてしか文章を書かないものですが、知らないことについても書く訓練ができていると、何事につけ理解力が深まることでしょう。知らないことを知らないままにするのではなく、人に訊くことが第一段階だとは思います。しかし、自分が知らないことについて人に訊ねる前に文章にしてみると、自分は何を知らないのかが明確になるはずです。そのうえで人に質問をしたほうが理解を深めるために、より効果的でしょう。

メモを取る癖をつけ、ブログなどを利用して3～4カ月も文章を書き続けていけば、脳細胞の回路は確実に「今日の夜になったらこのことを書かなくてはならない」と変わっていくはずです。変な人を見たときに、「こういうふうに書いたらおもしろいな」などと考える回路が確実にできていきます。毎日日記をつけたりブログを書いたりすることによって、観察力の受け皿を作ることができるのです。

何かが上達し、うまくなるという領域に入るためには、ピアノでも何でも最低1万時間は取り組む必要があると言われます。1万時間ということは毎日3時間だと9年間、1日1時間だと27年間、週に1時間だけだと192年もかかってしまいます。毎日3時間同じことをやり続けるのは、とんでもないことです。1日3時間でなくとも、ともかく合計で何かを1万時間やり続けることができれば、確実に次の大きなステップにつながるでしょう。つまり、そのことによってお金を取れるような領域に入る。逆に言えば、**何かでお金を取ろうと思ったら、目安として最低1万時間はやり続けなければならない**ということです。

文章を書く動機には、①笑わせたい、②泣かせたい、③怒らせたい、④感動してもらいたい、⑤知的刺激をもってもらいたい、⑥共感してもらいたい、というようなことがあると思います。自分が「〜したい」というよりも、相手へのホスピタリティの問題だと思ったほうが良いかもしれません。自分が何かを書きたいというよりも、読者をどうもてなすかという方向へ発想を変えてみましょう。

難しいことを易しく書くためには、**①具体例、②引用、③2つのものを結びつけるレト**

リック、この3点を明確にすることが必要です。③のレトリックは比喩と捉えてもらってもいいでしょう。ただしこの3つが全体の1割を超えてしまうと、変な文章になってしまう場合がありますので、注意が必要です。

それから、**インパクトのある文章の正体とは、読んだ人の約3割から反発を招く文章**だと考えてください。逆に言うと、3割程度の人から反論や反発が来ない文章というのは、たいした中身ではないということです。たいしたことがない文章とは、つまり、たいして人には読まれないということですね。

次の4項目は井上ひさしさんが言っておられることです。おもしろい文章とは何か、ということの急所を突いています。

一、**一見くだらないことは真面目に書く。**
一、**難しいことは易しく書く。**
一、**易しいことを深く書く。**
一、**深いことをおもしろく書く。**

敢えて全力投球はしない

スポーツの世界でも将棋の世界でも、プロはあまり楽しそうには見えないことがあります。むしろ大変そうに見えることのほうが多い。プロでない書き手は、書きたいことを自由に書ける特権をもっていますし、文章を書くことに苦痛を感じず楽しく取り組めるはずです。ですから、せっかくの立場をもっと利用してもらいたいと思います。

これはあまり大きな声では言えませんが、文章を書く際にやたらと全力投球はしないということも大事なことです。1回ですべて書ききろうなどと思ったら、ろくなことがありません。むしろ腹八分目で、余力を残して終わるくらいがちょうどいいのです。文章を書く際に完璧を期すのは、締切を守れなくなる最大の要因ですよね。ブログなどでも毎回完璧を期していたら、続かなくなってしまいます。

例えばプロ野球で160キロの球を投げるピッチャーがいます。その剛速球のおかげで、集客効果は高まるでしょう。しかし試合を観てみると、せっかく159キロの球を投げたのにヒットを打たれたりしている。速い球を投げても意味がないのではないか、とツッコミを入れたくもなります。

これまでの日本のピッチャーは最速でも158キロまでの球しか投げられなかったわけですから、160キロの球を投げるのは確かにすごいことです。しかしいくら球が速くても、結果的にヒットやホームランを打たれて試合に負けてしまったのでは意味がありません。ピッチャーは、全力投球をすることによって給料をもらっているわけではない。三振をたくさん取ったり防御率を下げたり、試合に勝つことによって給料をもらえるのです。

車の営業マンを例に挙げますと、月平均3・5台を売るのが平均のノルマです。優秀な営業マンは月に10台も売ったりしますが、ダメな人は1台も売れません。平均して月に3・5台ということは、1週間に1台売れば一応ノルマはクリアできることになります。では、1週間全力投球してやっと1台の車を売るか売らないかという人と、1日2時間程度しか営業活動をせず四六時中遊んでいるように見えるのに、お客さんのほうから指名されて確実に毎週1台を売る人と——会社がどちらにより高い給料を払うかと言えば、後者でしょう。

文章に限らず何でもそうですが、全力投球をしたかどうか、一生懸命やっているかどうかが評価されるわけではなく、結果がすべてなのです。世知辛《せちがら》いと言えば世知辛いですけれども、会社が何に対して給料を払うのかという構造を考えればあたりまえのことですよね。会社は物を売ったりノルマを達成することによって成立しているわけですから、一生懸命働いてなおかつノルマを達成するよりも、ノルマさえ達成すれば後は遊んでいても良いはずなのです。車の営業マンであれば、直接は売上に結びつかない部分でも、必ずいつか自分のところで新車を買ってもらうためにお客へのフォローを続けていく。そういった活動は、いざというときに確実に数字へと結びついていきます。

稟議《りんぎ》書や提案書を書く場合でも、10時間うなり続けて書いたものと、ギリギリまで何もやっていなかったのに締切間際の1時間でうまく書き上げたものと、どちらが良いでしょうか。もちろん後者の場合は、電車の行き帰りの中でメモをしたり、雑談をしながら「そのアイデアはいいね」と人の話をメモしたり、テレビを観ていて偶然思いついたアイデアを、翌日生かして1時間で書き上げているわけですけれども――。

一生懸命文章を書くことが、美徳とされている面がこれまでありました。しかし、全力投球はしないほうがいい、と考えたほうがずいぶん気楽になります。**全力投球することが情熱的ですばらしい、ということはウソ**だとさえ言えます。完璧を目指すという価値観の人が、「全力投球」という言葉を口にするのだと思います。しかし、完璧を目指した文章や完璧を目指した企画書を作るなど、傲慢ではないかとさえ私は思う。会議にかけるレジュメが完璧だったら、何のために参加者が集められたのかわかりません。参加している人たちの発言も意味がなくなります。1人で仕事を進めていくのでしたら、稟議書などそもそも必要ありません。そういう意味では、完璧を期したり全力投球をすることは、むしろ悪なのではないかと私は思っています。これはおおっぴらには言いにくいことではありますが……。

書き手のテーマ選びについて

1人の人間が長期間関心をもち続けたことは、必ず太い糸になるはずです。『そして殺人者は野に放たれる』（新潮社）を書き上げるかなり以前から、私は「刑法39条はおかしい」と思い続けてきました。しかし、そのことを誰に話してもわかってくれない。10年ほど前にある出版社の編集者にしゃべってみたのですが、どうもピンときていない様子でした。

私は刑法39条について、切実な問題というより「おもしろいテーマだ」という感触をもっていたのです。世の中に正常な犯罪などあるわけがない。冷静に犯罪を遂行することができるのは、せいぜいゴルゴ13ぐらいなものだろッと思っていたわけです。

そのあたりのおもしろさについて、新潮社の担当編集者は最初からわかってくれていました。その後、私の問題意識をなぞるような犯罪がたくさん起きるようになり、ようやく「日垣の言っていたことはこれだったのか」と他社の編集者もわかってくれるようになりました。

その経験から言えることは、「自分がおもしろいと思うテーマを、他人もおもしろがってくれるとは限らない」ということです。例えば「冷静に人を殺せるのはゴルゴ13だけだ」というテーマなら短いコラムにはなるかもしれません。しかし連載やルポにしたいのであれば、どうして相手がおもしろがってくれないのか、理由は何なのか突きつめていく必要があります。自分が感じているおもしろさが、相手にうまく伝わらなかった。ならばどうすればおもしろく伝えられるのか。そのことをいつも私は考えてきました。ときどきエッセイに書いたり資料を集めたり、歴史的なことを調べたり外国の事例を探したり、そういうことを繰り返しながら、どうすれば1冊の本にまとまるのかをずっと考えてきたわけです。

「本棚1本分の資料がたまれば、確実に単行本になる」。私はこれをモットーとしてきました。京都大学の浅田彰さんに『構造と力』（勁草書房）という本があります。その後日談的なエッセイに、「300冊の文献を読んでこの本を書いた」という趣旨の一文がありました。私はそのエッセイを28歳のころに読み、なるほどぉと得心した。以来、私は「1テーマにつき最低本棚1本分」を目安としてきました。

「やりたいテーマと日々取り組む仕事内容が食い違っている」と愚痴をこぼす人がいます。私は、「やらないで放置しておけるようなものは、『やりたいテーマ』などとは言えないのではないか」と疑問をもってきました。私自身、若いころからテーマ設定の問題で悩んだことはありません。編集者が「書いてみないか」ともちかけてくる以上は、「何かおもしろいことがあるのだろう」と思えましたし、自分がやりたいと思っていても他人に言われなければ仕事を始められないようなテーマは、実はそんなに本気でやりたいテーマではないのではないか。自分が何のテーマで書きたいのか知ることは、とても難しいことだと私は今でも思っています。

「ライフワークとライスワーク」という言葉があります。食うための「ライスワーク」とは別に、書き手が強い動機づけをもって長期的に取り組む「ライフワーク」があるという。

プロが「自分には、まだ形になっていないライフワークがある」と発言する行為は、裏返しとして本気でライフワークに取り組むことを保留しているだけなのではないでしょうか。

5000〜6000のテーマを常にもっていると言う人もいれば、3テーマしかない人もいる。その数字はカウントの仕方によってずいぶん変わってきます。1つのテーマが数百に分岐していくこともあれば、いくつものテーマがつながって大きなテーマになることもありうる。例えば「1989年のヨーロッパ」という題のテキストを書くとします。ヨーロッパとひとくくりにしても、国や地域によって事情が違うでしょうし、テーマはいくらでも細分化できます。「世襲」について書くにしても、「堤家」「宮大工」などと、いくらでも切り口はあるでしょう。そんなふうに細分化していくことも、テーマ選びの方法です。

ここでは仮に「自分のやりたいテーマで食っていく」状態を理想型としておきましょう。私はライターになった29歳当時、企画がどういうものかすらわかりませんでした。ですから自分がおもしろいと思ったところへ出かけ、取材したことをただ集中して書いていたわけです。今から考えれば、それはいい訓練にはなったのでしょう。しかし、そのときに思ったのは「1つのルポを書くのに1カ月もかけていたら、30代、40代になって大変だろうな」ということです。そんなことばかりやっていては、絶対に子どもは育てられない。ある程度まとまった連載をもたなければ、まともに生活していけません。**大きなテーマばかりに腰を据えて取り組んでいたら、物理的に食えなくなる**という問題意識を明確にもっていました。

そんな経緯もあったため、私は編集者と会う限りは4つや5つの連載テーマを常に胸のうちにもっているようにしてきました。結果として打ち合わせが仕事の話にならなくてもかまわない。こちらが売りこむかどうかということよりも、編集者への礼儀の問題だと思います。

胸のうちにあるテーマを書かずにスタンバイ状態でいると、そのうちに飽きてきます。人は早くアウトプットしたいものなのです。全体の3分の1くらいの大まかなストーリーや組み立てができた段階でとりあえず連載を始め、あとの3分の2をどうおもしろくするかに精力を注ぐのが理想的ではないかと私は思っています。

書き手として生き残るための戦略

フリージャーナリストの千葉敦子さんが『ニューヨークの24時間』（文春文庫）の中で、編集者には毎日のようにメールや手紙を出していると書かれていました。自分が今どんなものを書いているのか、どんな企画をもっているのかが編集者に認知されていない以上は、売りこむしかありません。こちら側のハードルを低くしてでも売りこみに行くべきでしょう。

私はコピーライター時代、翌月の収入が本当にヤバいというギリギリの段階で、いつも世話になっていた広告代理店まで出かけたことがあります。それで「おっ、いいところに来た」と仕事をもらったりしたものです。ただ単に、タイミングが良かっただけかもしれません。でも、先方まで出かけて行かなければ話は始まりませんでした。そのときにいきなり「仕事をください」とお願いしていたら、単価は3分の1になっていただろうという確信があります。**仕事はこちらから売りこむより先方から頼まれたほうが、断然自由が利く。**そういう考えを私は昔からもっていたので、今でもこちらから企画を売りこむことはありません。

売りこみも恋愛と同じなのだと思います。「僕と結婚してください」と言い出せば、おのずと男性の立場は低くなります。女性に「仕方ないから結婚してあげよう」と思わせてしまった瞬間、男性は晩ご飯を作ったり何か買ってあげたりという条件を飲まざるをえません。これは交渉の基本に関わることです。そうは言っても相手の編集者が自分のことをまったく知らない場合、売りこみに出かけてこちらの存在を知らしめるほかありません。

例えば、初対面なり一度会った程度の編集者に自分のやりたい企画をもちこむとします。編集者は企画を実現させようとがんばってくれるでしょう。そのときに、こちらから原稿料や取材費がいくらかという交渉はできません。企画が通った後も、あれこれ注文を出したりはできない。そんなことをしたら「ちょっと待てよ」と言われてしまうでしょう。

プロの書き手である以上、自分がおもしろいと思ったことを周囲の人もおもしろがってくれず、企画として通らないという状況はいかがなものか。企画がうまく通らないのならば、どうやっておもしろさが相手に伝わるように変えていけるかを考えるべきです。こちらが出した企画がおもしろいということを、編集者が納得できる形にしていくべきでしょう。

書く仕事は、４つのタイプに分類できます。

1、おもしろいものを書いて金になる
2、おもしろいが金にならない
3、おもしろくないが金になる
4、おもしろくなく金にもならない

当然誰だって１を選びたいでしょう。ただ、金になってしかもおもしろい企画などそうそう簡単にはモノにできません。大多数の人は２と３の間にいて、あれこれ悩んでいるわけです。

書く側としては、できるだけたくさんの組織とつきあったほうがいいと思います。私が産経新聞に原稿を書く場合には、あたかも朝日新聞に書くように心がけています。「諸君！」に原稿を書く場合には、「世界」に書くように心がける。**「世界」に、いかにも「世界」的な文章を載せるだけではダメなのではないか。**果たしてそれがおもしろいのだろうかと思います。恐らく「世界」の読者層のうち３割は「世界」に不満をもっていますが、今の世の流れを見たときに「こういう雑誌を支えていかなければいけない」と甘受しているのでしょう。残りの7割は「世界」や「週刊金曜日」が大好きという人たちなのだろうと思います。

立ち位置が明確な媒体に原稿を書く場合、無名の若いライターがいかにも媒体にハマるような文章を書くことに、いったい何の意味があるのでしょうか。むしろ、媒体に不満をもっている3割の人に「おもしろい」と思われたほうが良いのではないか。そうしなければ、何年もその媒体で原稿を書き続けることはできないのではないかと思います。そんなことを、私はずっと考えてきました。

「プレジデント」の話し方特集に原稿を書いてほしいと、編集者から頼まれたとします。そのとき、いかにもプレジデント的に原稿を書くのか、それとも読者が「えっ、これが『プレジデント』!?」と驚くようなものを書くほうがいいのか。私は、文章のインパクトというよりも、媒体にとってのインパクトを優先したほうが三者（読者、編集者、書き手）にとって得策だと思います。私のような考え方には批判もあるでしょうが、インパクトのあるものを書いたほうが媒体もすっくと立ち上がっていけるはずです。

パワーアップを！

「組織の問題」「個人としての戦略」と「毎年パワーアップを図る」という3つは、実はつながっています。「俺が書くことで媒体を変えてやる」という気概をいくらもっていても、「部数としての結果」を出さなければ意味がありません。その人が原稿を書くことで売り上げが伸びたとか、ほかのライターが書くよりは部数が伸びた。そのように、精神論ではない結果を出せなければ、ライターの世界で20年、30年と生きていくのは難しいのではないでしょうか。

以前私のメルマガにシティーホテルに関する質問が届き、参考文献として『別冊宝島／ホテル物語』（1988年5月）を引っ張り出してきました。1980年代後半、『別冊宝島』はフリーライターの登竜門と言われており、私も書いてみたいと思ったことがあります。この本の最終ページを見ると、私と同年代か年上のライターが20人近く名を連ねていました。しかし、その中で今も活躍しているのはわずか2人しかいません。永江朗《あきら》さんと、講談社ノンフィクション賞を取った岩上安身さんだけです。20年足らずでこうも淘汰《とうた》が進むものかと、愕然《がくぜん》としました。

ライターになった以上、批判も含めて話題にならなければ、出版社として「なぜその人に書かせるのか」という疑問が必ず出てくるでしょう。マンガの世界は、そのあたりをかなりシビアに見ています。パワーアップを図るためには、**出る杭《くい》は打たれるという覚悟**が必要です。ときには批判にさらされ、読み手や編集者の印象に残る原稿を書いていかなければどうしようもない。文体やテーマのインパクトもさることながら、その媒体をどんな人が読んでいるのかを考え、読者にインパクトを与える文章を書く。そのための戦略は欠かせません。

読者を飽きさせない工夫は、ライターにとって優先順位の第1位に属することです。ひとことで言うなら、「書き手がどういう球を投げてくるかわからない」と相手に思わせることを心がけましょう。この書き手にあるテーマを投げかけたら、どう返ってくるのか予想がつかない。そう読者に思わせることが重要なのではないでしょうか。

例えば、佐高信《まこと》さんに渡邉恒雄さんのことを書かせたら、どんな原稿になるかは100%予想がつきます。なんなら俺が代わりに書いてもいいよというぐらいに、筆致や結論が目に浮かぶ。最初から予想がついているような原稿を書いたところで、読者や編集者の溜《りゅ》飲《いん》を下げさせることはできません。

現地にも行かず、取材にも行かず、ひどい場合は本すら読まずに結論ありきの原稿を書くのでは、読者からも編集者からもおもしろがってはもらえません。何かを考えるときに、自分でもどこへ向かうのかわからないというくらいの勢いが必要ではないでしょうか。

また読者を飽きさせないためには、「明確な主張」と「説得力」があることが絶対条件です。たとえ明確でも、ありふれた主張であってはおもしろくありません。斬新さが必要なのです。気をつけなければいけないのは、トリッキーな主張をする場合には、根拠を明らかにしなければただの暴論になってしまうということです。そういう意味で、文章の中で根拠は徹底的に提示しなければなりません。

今は少数派だとしても、数年内には確実に主流になっていると予想される意見を私は書くようにしています。調査や取材を重ねていけば、おのずと将来主流となるであろう意見へたどり着けるものです。主張が斬新で、根拠も一般的には知られていない。そういう原稿を書きたいといつも私は思っています。

第6章　こうすれば稼げる　Q&A

Q　自分を売りこむコツ

A　29歳でフリーになったとき、私は信濃毎日新聞という地方紙から連載の依頼をされました。当時の私はルポや取材の作法など全然わからなかったので、何度も依頼を断ったのです。しかしどうしてもやってほしいと強く頼まれたため、連載を引き受けることにしました。当時はバブル全盛時だったものですから、新聞の広告収入がどんどん増えて紙面を28ページから32ページに増やさざるをえない。広告は増えても記者の人数は変わらないので、記事を書く人員が足りません。そこで「どこかのフリーライターに書かせてみよう」という話になり、私にお鉢がまわってきたようです。新聞社から連載の依頼が来たのは、言わばバブルの恩恵ということですね。

フリーになった当時、私は**編集部の中で最低2人の編集者が自分のことを知っていてく**

れれば、企画が成立してゆくきっかけになるだろうとイメージしていました。ある編集者と親しくなり、その人がかなり私のことを評価してくれたとしても、ほかの編集者が知らなければ企画会議で「日垣って誰だ？」という話になってしまいます。しかし編集部に私のことを知っている人がもう1人いて「日垣はなかなかおもしろいヤツだ」と援護してくれれば、企画はずいぶん通りやすくなるに違いありません。

私が生まれて初めて書いたルポは、神戸の高校で起きた校門圧死事件の真相を綴ったものです（『「学校へ行く」とはどういうことなのだろうか』北大路書房、第一章「閉ざされた回路」）。この企画が「世界」に採用された経緯を説明します。

私はライターになる前に編集者を務めており、編集者時代の卒業制作のような形で松代大本営について調べていました。韓国や北朝鮮にも取材に出かけており、なんとかして本にまとめたいと思っていたのです。

当時の私にとっては、信濃毎日新聞の連載がほとんど唯一の仕事でした。私はなんとか松代大本営の取材を仕事に結びつけたかった。そこで、岩波書店の常務に手紙を出すことにしました。その常務が、たまたま信濃毎日新聞の夕刊にコラムを書いていたからです。もしかしたらその方は私のコラムを読んでくれているかもしれませんからね。すると常務から返事が来まして、「一度遊びに来なさい」という話になったのです。

32歳だったと思いますが、私は生まれて初めて東京の出版社に足を踏み入れました。そして岩波書店の常務室で2時間ほど話をし、「若い編集者を紹介するから、書きたいものがあったら相談してごらん」と言われたのです。1カ月くらいすると、編集者から「話は聞きました。今どんな取材をしているのですか？」と電話がかかってきた。ちょうど3日くらい前に私は、神戸で起きた校門圧死事件のことについてどうしても解けない謎があったため、取材に出かけていました。もちろん自費で。しかも実を言うとサラ金から借りて取材費を無理やり捻出して行ったのです。

校門圧死事件が起きてから1カ月も経っていましたので、記者は普通、中には入れません。私は以前、教員相手に歩合制のセールスマンをやっていたことがあります。その経験から、学校への無難な入り方を知っていました。正面から「取材に来ました」と言っても、学校の中には入れてもらえません。しかし「××先生に会わせてもらいたい」と言えば、すんなり受付を通してくれるのです。

週刊誌や新聞社の記者は、学校から出てきた人にインタビューをしようとみんな外で待ち構えていました。私はある教諭の名前を告げて、学校の中に入ることができた。どうして特定の教諭の名前がわかったのかというと、簡単なことです。事務所には先生の名札がいっぱいかかっています。その中から適当な名前を言えばいいだけのことです。そんな方法を使って、ほとんどの先生から話を聞くことができました。

編集者にその話をすると興味をもってくれ、東京で会う約束をしました。どうしたかというと、私は何日もかけて50枚の原稿を書いてもっていったのです。なぜいきなりそんなことをしたのか。それまで私には、月刊誌に原稿を載せてもらった体験が一度もありませんでした。ですから、どんな水準の原稿が合格するのかわからなかったのです。見積もりの立てようがありませんから、一度書いてしまったほうが早いと思ったわけですね。

理由はもう1つあります。私は校門圧死事件について、ほぼパーフェクトに謎が解けたという自信がありました。しかし、そのことを編集者にうまく伝えられる自信がなかった。**もしも口頭で企画のおもしろさをうまく伝えられなかったとしたら、せっかく取材がうまくいっていても企画はボツになってしまいます。**うまくプレゼンテーションできなかったうえ、原稿に結びつかなかったとしたら、ライターとしては非常に困る。もっと言えば、相手が原稿を読んだうえで掲載を断られたのだとすれば、まだ納得がいきます。しかし、文章化したものなら「まあまあ」かもしれないのに、しゃべりが下手だったために載せてもらえなかったとしたら、これは困る。

どのパターンを想定しても、完成原稿を書いていったほうがいいという結論に達したので、編集者にお会いしたときに「しゃべるのもなんなので、原稿を書いてきました」と渡したのです。編集者はその場で私の原稿を読んでくれ、すぐに採用されました。

Q　どんな営業努力が仕事に結びつくか

A　先ほど書いたように、まず編集部で最低2人くらいに自分を認知してもらうことが大事です。さらに、「こいつにこのテーマで書かせたらおもしろそうだな」と編集者に思ってもらうことですね。こちらがいくら書きたいと主張しても、**編集者が書かせたいと思ってくれなければ原稿の発注には結びつきません。**「あいつにこんなテーマで書かせたらおもしろくなりそうだ」と編集者が思ってくれれば、たとえそれがただの錯覚や思いこみであったにせよ、ライターに仕事は発注されます。

Q　会社員を辞めたきっかけ

A　私は27歳のとき、長野市の銀河書房という小さな出版社に勤めていました。そのころ、一橋大学で助手をしている方が「岩波書店は中途採用を含め27歳までだったら受けられる。試験を受けてみないか」と言ってくれました。私は銀河書房を辞めて岩波書店の試験を受ければ、まず合格するだろうと思っていました。周囲はみな新卒ですからね。ところが、その考えは甘く、最終試験で落ちてしまったのです。当然でしょうね。失業者になってしまい、私は途方に暮れました。

岩波書店への入社が決まっていたわけでもないのに、なぜ銀河書房を辞めるふんぎりがついたのか。

当時勤めていた銀河書房に、池田満寿夫《ますお》さんの版画を20代のころから買い集めているという画商さんが出入りしていました。この人はものすごく羽振りが良かった。あるとき、その方を担当していた専務が外出中だったものですから、ソファに座って私がとりあえず話をしなければならなくなってしまいました。何をしゃべっていいのかわかりませんので、「私は東京の出版社に転職をしようか、あるいは独立してやっていこうか迷っています。できれば独立したいとは思いますが、どうすればあなたのようにお金の苦労をせずに、羽振り良くやっていけるのですか?」と単刀直入に訊いてみました。すると「まず、この会社を辞めなきゃね」とその人は言う。

私には「まず会社を辞める」という発想はありませんでした。その画商さんは「まず会社を辞めないと、次のことなんか考えられねえだろ」と言う。私は**会社を辞めるメリット**について考えながら、ノートに20項目ほどメモを書き出していきました。すると、毎朝定刻に起きなくて良いということ以外は、会社にいたほうがよほどトクだということになってしまった。とは言っても、よく考えてみれば10年後に銀河書房があるかどうかすら、かなりクエスチョンです。仮に20年後にまだ会社が残っていても、社員が15人しかいないような会社ですから、たかが知れています。1つジャンプをするには、まず会社を辞めなければいけないのだなと、私はわりと単純に納得しました。そのことを画商さんに言ってみると、「会社を辞めたら人間。いろいろ考えるものだよ」と言う。実際に会社を辞めてみると本当に時間が膨大にありますので、実際いろいろいろなことを考えるようになりました。

当時私には子どもが1人いたのですけれども、その子どもを食わせるためには月いくらか稼がなければ確実に飢え死んでしまう。それでも私の親は、息子が食えないと嘆いても「29歳になったのだから、すべて自分の責任だ」と言う。今から思うとありがたい話です。私の妻は、「自分が働きに出たら、この人は絶対働かないだろう」と思ったらしい。妻は結局、家計が一番苦しいときにも働かず、私が家計について責任を果たすと信じていたようです。

Q　文筆業を選んだ理由

A　私が書く仕事を続けている理由は、①好き、②得意、③仕事のニーズがたまたまある、のうちいずれかだと思います。私はどうも取材はあまり好きではありません。イラクや北朝鮮に行けば、それはそれで楽しい。しかし「取材」と言われるとどうも出かけたくなくなってしまうのです。強いて言えば、私は調べて書くことが得意なので、文筆の仕事を続けているのだろうと思います。

私の定義では、物事を「得意だ」と言えるかどうかは、**60%の力だけで完成させられるかどうかが分かれ目**だと思います。ちょっと語弊がある言い方かもしれませんが、相手にはこちらが120%の力を出しきったと思ってもらいたい。しかし、こちらとしては、60%程度の力しか出したくないのです。

29歳でライターの仕事を始めたときに私は、仮に100%の力を出し続けていたとすると、40歳くらいで死んでしまう、と思いました。60%程度の力で仕事をやっていかなければ、10年もガマンできないな、と感じたのです。どの業界でも、常にパワーアップしていかなければ仕事は依頼されなくなってしまうでしょう。長く仕事を続けていくためには、全力疾走するよりも、**余力を残しておく**ことのほうが大事なのではないかと思います。

Q 単純に「見たい、聞きたい、知りたい」だけでライターの仕事をするのは無謀か

A 自分が「見たい、聞きたい、知りたい」と思うことが文章としてお金になるかどうかを判断するのは、書き手ではなく読み手や編み手です。

Q 一度は会社で働いたほうがいいのか

A これは切実な問題です。自分の有料メルマガだけで食っていくという場合を除き、多くのフリーライターはあちこちの出版社や新聞社とつきあいながら仕事をしていかなければならない。組織の人がどんな発想をするのかということは、会社勤めを経験していなければなかなか想像がつかないものかもしれません。会社員がどんな発想をするのかがわからなければ、フリーとしてうまく仕事をやっていくのは難しいでしょう。

Q　フリーで食っていくために一番大切なことは

A　自分と同じ考えではない人がヨソには大勢いることを、まずしっかり意識することです。自分と同じような人しかまわりにいなければ、交渉におけるマネジメント力など必要ありません。しかし、自分とはまったく異質な人たちをどう動かすか、どう説得するかという意味において、**マネジメント力**は必要不可欠なのです。

そのうえで大切なことは、まず第1に**経営感覚**です。失敗があっても黒字の間にうまく収め、儲《もう》からないことはやらない。そういう経営感覚をもつことは、自分がやりたいことをやってゆくための基本的な条件です。経営全体が破綻《はたん》してしまえば、好きなことをやるどころの話ではなくなってしまいます。マネジメント力に加え、絶対に経営全体を黒字にするという感覚や意識がなければ、フリーで生き残ってはいけないでしょう。

2番目には、**楽しく生きる**ということです。

3番目は、文章に**中毒性**をもたせることです。文章をたまたまなんらかの事情で人に読んでもらったとしても、その文章に中毒性がなければ2回目、3回目と読みつがれていかないでしょう。読者をリピーターにしていくためには、文章に中毒性を織りこむことは欠かせません。フリーとして仕事を続けていくためには、文章の中に覚醒剤のようなものを入れこむことが大切だと思います。

Q 既存のメディアの枠にとらわれないライターの仕事について

A 書くという仕事には、①学術研究、②とにかく正確に記す公文書、③ジャーナリズム、つまりデイリーな時事的報道、の3種類があります。紙媒体とテレビ、ラジオのメディアミックスよりも、私は①〜③の合体のほうが大切なのではないかと思っています。

新潮社にはかつて「FOCUS」という写真週刊誌があり、「FOCUS」と新潮文庫だけで社員が充分食べていけるような収益構造がありました。「FOCUS」が休刊になった後は、新潮新書が創刊されて『バカの壁』をはじめ大きな収益を上げています。**既存の枠組みを組み替えながら経営向上を図る**という意味では、個人のライターでも同じことでしょう。

私が週刊誌でたくさん連載をもっていたとしても、いつかは必ず終わります。若いころ、私はコピーライターの仕事もやっていました。今は「ガッキィファイター」という有料メールマガジンを毎週発行しています。仕事の重点は毎年変わっていくものです。

単行本が比較的多く出る年もありますし、全然出ないときもある。講演が多い年もあれば、テレビのレギュラー出演を務めていた時期もあります。収入の構造は毎年非常に大きく変わってゆく。これは企業でも個人でも同じことです。1981年くらいからアメリカの家電メーカーは、テレビや冷蔵庫を一切作らなくなりました。代わりに何をしていたかというと、モバイル事業や新規事業を立ち上げていたわけです。個人も組織も、1つだけのものに拠《よ》って立つことは非常に危険だと思います。

Q 取材とは何か、調べるとはどういうことなのか

A 「取材」とは素材を集める作業です。英語で言うと「collecting news（ニュースを集める）」「collecting material（素材を集める）」「collecting data（データ収集）」ですね。「調べる」は「study」「investigate」「check」と言い換えることができます。ジャーナリストの仕事は、どちらかというと「取材」よりも「調べて書く」ことのほうです。つまり、自分が謎だと思っていることやわからないことについて調べ、確実な証拠を得て、論理的に強い補強をしながら仮説を提示する。これがジャーナリストの仕事なのだろうと私は思っています。さらにスクープ性、独自性、速報性、この3つのうち2つか3つを組み合わせることによって、**記事の商品価値**を高めていくことができるでしょう。

Q　取材時のテクニックや心構え

A　私は人の話を聞きながらノートを取るとき、さも一生懸命相手が言っていることをメモするようなふりをして、実は自分の考えを書いていたりします。ノートの左側のページには、相手の話を聞きながら思いついたこと、自分の頭から出てきたことを書く。右側のページには、相手の話で忘れてしまうかもしれないこと、おもしろかったことや参考になることを書きます。相手の言葉を代弁するようにただ発表するのでない限り、ノートの左側に書いたことが**アウトプットの肝**となります。インタビューしている相手には失礼かもしれませんが、自分の発想が正しいか、修正すべき箇所があるかどうかを、相手の頭を借りて練っているという感じですね。

形式的な質問ばかりしていると、どうしても形式的な答えしか返ってきません。ご本人に直接会って解き明かしたい謎（質問）がたくさんある場合には、一問一答式のインタビューでは器がまったく合わないのでしょうね。人から大切な話を訊くときは、むしろ雑談形式の共同作業で謎を解いてゆくのが、私は一番良いように思います。

Q　取材相手の信頼を得るためには

A　取材相手に「こいつとならきっちり話してもいいな」と思ってもらうことを、第1の目標にします。具体的に何か交渉するというよりも、何回も相手の前に現れたり消えたりしながら通いつめる。そのうち相手が私に興味をもってくれるようになったら、初めて取材をするという感じです。

Q　連載の構成はどう作る

A　刑法39条をテーマにした連載を書くに当たり、私は10年以上かけて準備をしたり、取材相手のところに通いつめたりしてきました。資料やファイルはどんどん蓄積され、最終的には本棚2つからあふれるくらいになった。連載は「新潮45」にさせてもらい、本にまとめました。連載の構成は、電車の中でメモをした程度です。資料は相当読みこんでいましたので、手元にまったく資料がなくても連載の構成はメモにまとまります。5〜10分でメモできるような構成であれば、確実に連載として完結するだろう。そう思って連載を始めました。

Q 書き直しを要求された経験はあるか

A 御巣鷹山《おすたかやま》の日航機墜落事故のことを「日航機事故」と表現すると、「日航がスポンサーなので困る」と表現を改めるよう要求してくる会社があります。そのことを全然問題としない会社もあるでしょうし、私がその1件だけでゴネるということもありません。闘う価値があれば細かい表現についてとことんメディアとやり合いますが、先方の事情もあるでしょうし、私は今のところそういうことについて争わないようにしています。

私が中国残留孤児の取材を新聞で連載していたとき、「ロシア兵による婦女子への強姦」と書いたところ、信濃毎日新聞のデスクから「『強姦』は困るので『レイプ』にしてくれ」と言われたことがあります。ロシア軍が日本人婦女子を「レイプ」すると書くのは、私にはものすごく違和感があった。このような表現については若干のやりとりをします。「では『陵辱《りょうじょく》』はどうですか」と言ってみたところ「それならいい」という話に落ち着きました。

なんだかバカバカしい話です。

Q ライターとしての職業倫理とは

A 間違いがあれば認めることです。また、「自分は間違いを犯しうる」ということを前提とし、そのうえで絶対に間違わないようにする。さらに、自分が知りたいと思うことを書く。自分にしか書けないことを誰にでもわかりやすく書く。

私にとっての倫理とは、そんなところです。

Q　プロとして生き残るための戦略は

A　最悪の事態を想定しながら、その**最悪の事態をうまく回避する**戦略を立てましょう。あたりまえのことですが、とにかく致命的な失敗はしない。相手がAと出てきたらBの手を打つというように、2手先まで考えるのか、1手先までしか考えないのか、それとも戦略をまったく考えないのか。5手先、6手先まで考えて行動に移すのか。戦略の立て方はそれぞれ違ってくるでしょう。

心理学の分野では、人づき合いや仕事において「こいつを怒らせたら怖い」と思われている状態が、一番安定しているという説がよく言われます。私はしばしば文章上で怒っているように見えると思いますが、怒っているふりをしたり実際に怒ったほうが問題解決が早いというときに怒ってみせる。これが私の型なのだと思います。怒りを利用した問題解決については、『どっからでもかかって来い！』（WAC）をお読みください。

Q 犠牲にしていると思うことは何か

A 私は1年に3000冊ほど本を買い、毎日たくさんの本を読んでいます。「新潮45」の企画で私は〝多作の人〟シリーズをやっており、ある一定の時期に中谷彰宏氏やマルクス、松本清張や梶山季之《としゆき》の本をひたすら読んできました。ある意味苦行のようでもあり、決して純粋に読書を楽しめてはいません。宮部みゆきさんなど好きな作家もたくさんいます。しかし仕事とはまったく無関係に小説を読む機会は、どんどん少なくなっています。

楽しい読書は犠牲にしてきましたが、私は家族のことは犠牲にはしないと決めています。心理学者の岸田秀さんは『積木くずし』の評論のなかで、「自分の家族を書いたことは、非常に罪なことだ」と言っています。私は家族のことをよく原稿に書きます。もし書かなければ、仕事のために家族を犠牲にしていたかもしれません。

私は子ども3人と遊びに行ったり、学校と細かいやりとりをしたり、授業参観に出かけるだけではなく、娘の部活の指導までやってしまいました（『情報系　これがニュースだ』文春文庫、第23章「たかが部活のために」参照）。部活の指導については最初から原稿に書こうと思って始めたわけではありません。むしろやらざるをえないという状況に追いこまれて始めたことです。ただ、最後にソフトボールの指導を引き受けるのを決断したときには、「このことは原稿に書くことができるかもしれない。どうせなら、原稿に書けるようなおもしろいことをやろう」とは思っていました。

自分の家族について書くことに、批判もあるかもしれません。ただ、私の取材方法からすると、たまたま自分のまわりで日常的に接している家族は、おもしろい観察対象ではあるわけです。家族にとっては迷惑かもしれませんが、お互いの関係を信頼してもらったうえで、私は原稿に書いてきました。もし家族について一切書かないと自分を縛りつけていたら、私と家族との関わりは非常に希薄なものになったのではないかと思います。書くことを通じて子どもたちの意見を聞きたかったし、学校とのトラブル、授業参観での教員の言い回しなどを通じて、いろいろなことを得られました。

部活の指導にしても、私としては非常に積極的に関わったつもりです。もし物理的にあまりに忙しすぎて学校や子どものことを原稿に書く暇がないようでしたら、子育てはどんどんおろそかになる一方だっただろうと思います。

Q　書くことへのモチベーション

A 仕事上で私の楽しみは、自分が想像もつかなかったような文章ができ上がる、ということだけです。生意気ながら、例えばかつて『敵闘言』（文春文庫）や『偽善系』（同）で、大先輩の鎌田慧《さとし》さんに噛《か》みついたことがあります。鎌田さんのような人に対して、何が私の不満だったか。最初からすでに結論が見えているような文章を書いていて何が楽しいのか、私は理解できなかったし理解したくもなかった。ですから、先輩に噛みつく形で愛情をもって批判をしました。

いや、さすがに愛情はないかもしれませんが、関心はあった。関心がないものを批評するなどということは、私には考えも及びません。

Q 早くしないと間に合わなくなってしまう（＝死んでしまう）取材対象者として誰を挙げるか

A 私は20歳くらいのときにカストロ首相に会ったことがあります。できればカストロには、もう一度きっちり会って話をしたい。彼はもう高齢ですから、インタビューする前に向こうが亡くなってしまう可能性が高いですね。事実、2006年8月にカストロ重病説が流れ、キューバ国内が大揺れになりました。

ただ、取材対象が生きているから良いものが書けるというわけでもありません。沢木耕太郎さんは『無名』（幻冬舎）で、お父さんの死について長編を書きました。お父さんが生きていらしたら、きっとああいう形の本にはならなかったのだろうと思います。

Q　印象深いフリーライターについて

A　私には長野に、須田治さんという非常に親しい友人がいました。私より4歳年上の先輩です。須田さんは東京の出版社で十数年勤めた後、私より3年ほど遅くフリーになりました。私は須田さんと、「ずっと長野に住み続けよう」と誓いをかわしていました。ウィークデイに一緒に遊べる友だちがほかにあまりいなかったというのが最初の理由で、スキーに行ったり山菜採りに行ったり、非常に仲良くしていました。私がコピーライターの仕事から足を洗ったときにはその仕事を全部須田さんに渡したりと、お互い仕事を融通し合うこともありました。その須田さんが、2003年3月に突然亡くなるのです。

私にとっては、仕事場のある東京から長野に帰る楽しみがぽっかりなくなってしまったというだけでなく、田舎で仕事を続けていこうという動機も薄れてしまいました。タダの仕事はなるべく引き受けない、圧力には屈しない、先輩はみんな東京に出てしまったけれど、私たちはなんとか長野にとどまろう――。私と須田さんとは、3つの約束をしていました。

今はインターネットがありますので、東京にいても編集者と顔を合わせずに仕事をする人もいます。札幌に住んでいようが仙台にいようが、ついでをつくって東京に出てきて、朝から晩まで大勢の人に会って営業すれば仕事はもらえるでしょう。そういう時代だからこそ、同志的に誰かと一緒に地方でがんばることに良い面はたくさんあります。

須田さんは長男を大学に入れるために、ものすごくがんばって仕事をしていました。たくさんの仕事をこなす中、夜にテープ起こしをして原稿を送信し、翌朝玄関で倒れてそのまま亡くなってしまったのです。彼は仕事ができるのでどんどん引き受け、無理をしてしまったのかもしれません。須田さんの死は、私の中で解決がつかない問題として残っています。

須田さんは市民運動にものすごく一生懸命に取り組んでいました。プロなのにどうして原稿をタダで書くのか。仕事がしんどいのになぜ市民運動にのめりこむのか。須田さんは、取材した人とものすごく長くつきあう人でした。私はそのあたり、けっこうクールなほうです。須田さんと私は性格も仕事のやり方も違いましたが、同志的な存在でした。死んでしまったら、やりたいこともできなくなる。須田さんの死をきっかけに、いろいろなことを考えました。

Q　生活費をどうやって担保していけば良いのか

A　本田靖春さんが、15年目ではライターはまだヒヨっ子で、ようやく一人前になるのが16年目からだと書かれていました。私は2003年でようやく16年目でしたので、つい最近までヒヨっ子だったわけです。

私はフリーになった当初生活が苦しく、家賃や生活費など最低限の収入を確保するのに苦労しました。ライターの世界にも、団塊の世代というジャマな人たちが大勢いる。彼ら先輩たちはお金をもらいながらガンガン走っているのに、自分は海外にも行けず、本も買えない。これでは先輩の書き手と差が開くばかりです。なんとかしなければいけないな、という思いが私には強くありました。

1本10万円の仕事を100本こなせば、1000万円が稼げます。しかしこれは足し算の世界の話です。単価が小さければ、いくら足してもなかなか金額は大きくなりません。かつてコピーライターの業界には1行1000万円の仕事があったそうです。コピーが1行1000万円であるにせよ、足し算の世界であることには変わりありません。それに、そのような単価が長く続くはずがありません。

例えば1週間に1本の原稿を14枚ずつ書けば、10週間で140枚になります。原稿料は14枚＋14枚……と**足し算**されていくでしょう。しかし有料メルマガであれば、1部発行するのも100部発行するのも1000部発行するのも、完全にかけ算で労力の差はほとんどありません。にもかかわらず原稿料はどんどん**かけ算**されてゆく。先輩たちはそういう労働の仕方について考えたことがあるのかというと、あまり考えてはいないのではないでしょうか。

私は学生結婚をして早くから子どもがいましたので、保育園や小学校のときはほとんど金がかからないにしても、仮に子どもが大学に行きたいと言い出したら大変なことになるな、ということはリアリティのある問題でした。

子どもを4年間大学に行かせると、最低でも1000万円のお金が要るそうです。うちには子どもが3人もいますので、同時に2人が大学に行くとなると1年間に最低500万円はかかることになります。1年間に子どもの学費と生活費が500万円もかかるのに、自分の収入が250万円しかなかったら完全に破綻です。私の場合、そういうリアリティを常に感じていました。

例えば妻（または夫）が１０００万円、２０００万円というお金を稼いでいれば、明日から困るということはまずありません。私の場合、翌月どころかその日に食うお金もないときがありましたので、働かざるをえない。お金になるような仕事をとにかくやらなければ、どうしようもないという状態でした。結果的には食えてきたので良かったですが、妻がいっぱい働いてお金をもってきてくれればもっと楽だっただろうに、と本音の部分では思います。

率直に言えば、私の性格では断崖絶壁に立たなければ前に進まなかったのだろうと思います。ただ、この問題は個人によって良し悪しがありますので、なんとも言えません。宿題は追いこまれなければやらないという性質の人は多いようですので、私のように切羽詰まったほうが良いのかもしれませんね。

Ｑ　仕事がないときは何をやっていたか

Ａ　暇なときにしかやっておけないこともあります。暇なときには、何か得意なことを身につけることが良いでしょう。**プロとしてお金を取れるようになるためには、何につけても１万時間は１つのことに取り組まなければなりません。**１万時間ということは、１つのことを1日10時間×1000日（3年とちょっと）続けるということです。1日2時間ずつしかやらなければ、5000日ですから13年もかかります。私は物事は一気に片づけるほうが好きなので、2時間×5000日よりは10時間×1000日のほうを選んでしまいます。ミュージシャンなどを見ていても、1万時間1つのことに取り組めば、得意というところまで到達できることはほぼ間違いありません。仕事がなくて暇なときには、「これは得意だ」と言いきれるようなことに取り組んだほうが良いと思います。

Q 金策果てたときはどうしていたか

A ただ寝る、という感じです。お金のことで悩むのは、すごく消耗します。なんとか銀行口座の引き落としに間に合わせようとしている状態には、二度と戻りたくはありません。そういう崖っぷちの状態もかなりいい体験にはなるのでしょうが、当事者にとってはいい体験もへったくれもない。実入りがないのに借金を重ねていけば、破綻することは間違いありません。

Q　いかに都合良く交渉事を通すか

A　「交渉とは、複数の人が話し合いをすることである」などとあたりまえの定義をしても意味がありません。交渉について本質的なことを考えてゆくと、「交渉とは、譲歩の組み合わせによって問題解決を図ることである」と言えます。

交渉を通じてどんな結論に落ち着いた場合、こちらの要求にGOサインが出るのか。譲ってもいい条件はせいぜいAとBまでだよな――。そんなことを、たいていの人は考えるでしょう。そこをもう一歩工夫して、交渉においてはできるだけこちらが譲れるものをたくさん備えておくと良いでしょう。譲ってもかまわないことを9個くらい準備しておき、どうしてもここは譲れないということを1個だけキープしておく。その**最重要の1つの要求を通すために、ほかの9個の持ち駒を1つずつ譲っていくのが交渉の基本**です。

よく「当て馬」という言い方をします。どんな人でも交渉の場で9個も譲歩されたら、1つくらいは相手の要求を通してやろうと思うものです。相手が自分の意志で企画を採用したという形にしてあげなければ、交渉はなかなかスムーズには進みません。「私の審美眼は優れているな」とか「私に能力や人望があるから、この企画がもちこまれたのだ」というような形で相手に自己満足をさせてあげることが大事なのです。

人事採用でも同じことが言えます。「自分がこの会社に就職したい」ということをただ訴えるのではなく、「大勢の中からこいつを採りたい」と採用する側に思わせなければ、就職試験では絶対に成功しません。

ある企画について内容や予算などを決めなければならないときに、「アジェンダ（協議事項）を書け」とか「明日の会議に備えて文章を書け」と言われることは多々発生します。アジェンダそのものが大事だとよく誤解されていますが、実はアジェンダを作っていく過程こそが会社の財産になるのですし、仕事を引き受けた人が一番成長する部分でもあります。アジェンダを作成する過程でその人がどんな思考をするのか、ということが問われるわけですね。

交渉をするときには、ゴールを見据えておくことも忘れてはいけません。どういう状況にもっていけば問題をクリアできるのか見据えていなければ、日本と北朝鮮の交渉のようになってしまいます。国内世論に押され、拉致の話題を何がなんでも押し出さなければならない。これが、今外務省が考えている筆頭課題です。「北朝鮮をどうやって説き伏せようか」「6カ国協議をどう丸く収めようか」ということではなく、「国内世論に向けて拉致問題についてとにかく明言し続けよう」ということを筆頭に置いているわけですから、外務省の交渉など成功するわけがありません。

Q　健康の維持管理法

A　コラムニストの勝谷誠彦さんは、普段からエレベーターには極力乗らないようにしているそうです。ただ階段を上がるどころか、ダッシュする。私もエレベーターはなるべく使わないようにしています。

「ザ・情報ツウ」という番組に、私と同い年の阿部祐二さんというリポーターがいます。彼は毎日ダッシュを10本くらいやっているそうです。各社のレポーターが一斉に競って走り出すとき、ダッシュでは負けたくないと彼はおっしゃるんですね。私にはそういう根性はないし、そういう必要性もありません。でも、やっぱりへこたれたくないという気持ちはあります。

それなりの期待がある以上は、太く短くではなく、長く仕事を続けたい、と最近とくに思うようになりました。

Q　仕事上で論争や喧嘩になったときにどうするか

A 私はしょっちゅう喧嘩ばかりしていると誤解されている向きもありますが、簡単に言えば**勝つ喧嘩しかしない**というのが鉄則です。論争をするときには、攻撃してきた相手に応酬するパターンと、自分から攻めて行く場合とがあります。いずれにしても、仮に20回くらい論争が応酬することになったとしても、常に自分が攻め手をもっている状態でなければ喧嘩はしない。喧嘩を売ったほうが負けるのは非常にみっともないし、膨大な無駄になります。私の場合、喧嘩は基本的に1回目で一気に勝負をつけるようにしています。ただ、そのあとお互い論争になる可能性は充分あることですし、そのときのために必ず余力は残しておきますよ。12回戦でも、勝てるように。『喧嘩必勝法』(仮題)という本が2007年に新潮社から出版されます。

あくまで予定、ですけれども。

Q 文章を手本とした人

A 学生時代に例えば『マルクス・エンゲルス全集』を読みました。私にとっては、**マルクスは経済学者でも哲学者でもなく、ルポライター**と呼んだほうがしっくりきます。

山の中に落ちている木や落ち葉を拾っている貧しい民衆を、窃盗犯として排除した当局に対して、彼は延々と論文を書いていたりします。その論文など、ルポルタージュそのものです。マルクスはルポルタージュをたくさん書いて全集まで残せた人、という意味でのみ私の手本となっています。

文章のわかりやすさという意味では、福沢諭吉をお勧めしたい。彼は文章を書くたびに、国民小学校も出ていない女中さんを呼んで書いたものを読み上げ、彼女がわかるかわからないかを確かめたそうです。ですから、福沢諭吉の文章は大変にわかりやすく書かれています。

Q　わかりやすい文章と魅力的な文章の違い

A　わかりやすい文章とは、福沢諭吉のように、女中さんに読み聞かせてもわかる文章だと思います。魅力的な文章とは、年の功や体験に根ざしたものとしか言いようがありません。

Q　得意なことと好きなこと、どちらを仕事の柱に?

A　私は取材がそれほど好きではなく、できることならやらずに済ませたいとさえ思っています。若いころ失業して煮詰まり、どうでもいいやと自暴自棄になっていた時期がありました。そのときに「本当は何をやりたいのか」とある人から訊かれたのです。私は「ゴロゴロして本を読んだり、行きたいところに行ったりして、何か書いて生きていけたらいい」と答えた。するとその人は「そういう仕事ならあるよ」と言ってライターの仕事を紹介してくれたのです。

「ゴロゴロして本を読んだり、行きたいところに行ったりして、何か書いて生きていく」。私はそんな仕事がありうるとは思っていませんでした。東京に住んでいれば、ライターの仕事があることを知っていたかもしれません。しかし私はずっと長野に住んでいましたので、ライターを仕事にしている知人はまわりに1人もいませんでしたし、モデルになるような先輩もいませんでした。「雲に乗れたらいいな」というようにリアリティのない夢だったのです。もし「そういう仕事はあるよ」と人から紹介してもらわなければ、絶対にライターにはならなかったでしょう。

それまで私は、営業マンをやったり書店員や運転手をやったり、いろいろな仕事を経験してきました。振り返ってみれば、私の書いた月報はものすごく長かったので怒られるかと思ったところ、けっこうおもしろいと褒《ほ》めてもらったことがあります。書くことや調べることや批評することについてだけは、少しだけ偏差値的に高かったのかもしれません。

私は書く仕事が好きだというよりも、得意なのだと思います。**本当は、①得意なこと、②好きなこと、③その仕事で食えていけること、**この3つが合わせられれば一番良いとは思います。少なくとも、①があれば書く仕事を生活に結びつけていける。得意なことを20年も続けていれば、好きになるかもしれませんよね。

Q　兄弟のことなど個人的な問題についてどんなふうに感情をコントロールしているのか

A　書くことを避けたいテーマは、いくつかあります。私は以前ちょっと大きな病気をしているのですけれども、そのことや兄弟のことは、長い時間をかけて考えざるをえないことでした。物書きになってから、そうした個人的なことについて書くかどうかは、とても大きな問題だと思ってきました。あるとき、結局私は個人的な問題を避けたいだけなのだ、ということに気づいたのです。

私の兄は精神分裂病で、長く病院に入院しています。親は兄の病気のことを隠していました。私が兄のことを原稿に書けば、家族や友人だけでなくお医者さんも読むかもしれません。その結果、書いたことが現実としてストレートにはねかえってくることが考えられます。ですから、兄の病気のことがどれだけ小さな問題なのか、あるいは大きな問題なのかを、私は5年くらいかけて考え続けました。

あとでわかったことですが、家族会の人たちや被害者、警察官、検事——すべて合わせると何十万人、何百万人という人たちが精神分裂病の問題に関して当事者として扱いあぐねているのです。私自身もこの病気の問題に触れるのを長年避けてきたという自覚はあります。精神分裂病に関して、私の関心はものすごく強い。ただしそれを書くかどうかは、関心があるかどうかとは別問題です。

一度書くと覚悟さえ決めれば、十数年いろいろなことを考えてきたわけですから蓄積があります。自分の考えが明らかに間違っているのではないか、整合性が取れないのではないか、などと考えながら、大きな疑問を自分に対して20個ほど挙げていきました。

自分の中の疑問を書き出してみたところ、精神分裂病について考えるのはすごくおもしろいと思ったのです。当時のメモの1番目には、「犯罪は異常なのか」と私は書いている。さらに私は「ゴルゴ13」とメモをしています。心神喪失状態の人間は異常な犯罪を犯すが、では顔色ひとつ変えずに殺人を遂行するゴルゴ13はどうなのか。冷静に人を殺せるような人間は、実はゴルゴ13くらいしかいないのではないか。そんなことを考え、私は1人でクスッと笑ってしまいました。

そんな疑問を20個くらい書き出してみると、犯罪とはそもそも異常なことなのか、正常なことなのか、そこがかなり大きな問題だとわかってきました。兄に関する個人的な問題について10年も20年も考え続けてメモを書きあげてみたところ、かなりおもしろい質問がいくつも並んでいる。その問いに答えられたとしたら、不謹慎ですけれど、とてもスリリングな文章が書けるのかもしれない、と思いました。

そんなふうに長い時間かけて考え続けたのが、刑法39条をテーマとした『そして殺人者は野に放たれる』（新潮社）です。

Q　取材力・企画力・執筆力を高めるために日々課していること

A　2つあります。1つは、相手が小学生でも高校生でも大人でもおじいさんでも、たまたま一緒に居合わせた人たちを笑わせる、という努力をしています。いかにも人が笑ってくれそうなテーマでも、かなり堅いテーマであっても、ともかく**自分が書きたいテーマで身近な人に笑ってもらう**ということです。

理解するということには、いろいろな段階があると思います。例えば心神喪失のように深刻なテーマであっても、「ベッドの上でセックスしているときは、誰もが心神喪失ではないか」という類《たぐい》の話をすれば、クスッと笑ってもらえるでしょう。笑ってくれた人は、心神喪失がどんなことなのか、きっと理解してくれたのだと思います。笑ってもらえるということは、物事を理解してもらううえで一番好ましい形ではないでしょうか。

それからもう1つ、**ギャラリーをつくる**ことを課しています。私はあまり仕事は好きではありません。とくに取材は好きではないとつくづく思います。でもギャラリーがまわりにいると、たとえ気が進まなくても仕事をせざるをえません。

メルマガにはまさにギャラリー（読者）が大勢いますから、日々さまざまな意見がダイレクトに届きます。私はTBSラジオで「サイエンス・サイトーク」というレギュラー番組をもっており、収録にはメルマガの読者が自由に参加できるようになっています。毎回収録のときに2人だけで話していても、エネルギーを使うのがもったいない。それに、まわりに私たちの話を聞いてくれる人がたくさんいると、ギャラリーがいないときに比べてはりきれます。マラソンの選手でも、誰もギャラリーがいなければ世界記録など出せないでしょう。

スポーツを取材するとよくわかりますけれども、テレビに映るような人気競技には観客が大勢集まっています。しかし大半のスポーツはものすごく孤独なもので、ほとんどギャラリーなどいません。なぜオリンピックや世界的な大会で新記録が出るのか。それはものすごい数のギャラリーがいるからではないでしょうか。

私のラジオ番組にしても、数十人という規模でもギャラリーがいるかいないかで大違いです。自分だけの収録でしたら、直前に電話をかけて「すみません、収録を1時間遅らせてください」などと頼んでしまうこともできるでしょう。けれども生放送や、ギャラリーが大勢集まるとなれば、そんなことはできなくなります。いい意味での緊張感をもちつつ、さらに自分がハッスルするための方法論として、ギャラリーに番組を観てもらうようにしているのです。メルマガにしても、もし誰も読者がいなければ、たくさんの原稿を書くことなど絶対にできないと思います。

Q　外国文献はどの程度読むか

A　必要に応じてです。私は外国語が非常に苦手なのですが、そうは言っても読まざるをえないものもある。初めての言語でも辞書と首っぴきになって独力で読むこともあれば、人に頼んで英語を日本語に翻訳してもらうこともあります。

Q 美しい日本語とはどのようなものか

A 私は美しい日本語は書けないですけれども、まず第1に読み手の呼吸のリズムに合うかどうかが大事ではないかとずっと思ってきました。読み手の呼吸のリズムに合っているかどうか確かめるために、簡単な方法があります。**完成原稿を編集者に渡す前に、声を出して早口で読み、人に聞いてもらう**のです。そうすると句読点の打ち方がまずかったり、リズムがうまくつくれていないところがすぐにわかります。音読をしてみると、文章が途中でつっかかる回数は少なくなってゆくでしょう。

それから私が29歳のときに決意したことは、「〜です。〜です」などと**同じ文末を2回連続で続けない**ことです。このことはもう20年近く心がけてきました。できるだけ意識的に、という意味です。完全主義を適用すると、ノイローゼになりますから、ほどほどに。

文章にスムーズなリズムをつくると言っても、一番伝えたいキーポイントに関しては、敢えて一度立ち止まってもらいたい場所があります。ただ単純にアナウンサーが読みやすいような文章を書くということではなく、こちらが流して読んでもらいたいところは流し、必ず立ち止まってもらいたいところは立ち止まってもらう。そのように句読点を打つ努力をしています。

私が文章を書くときには、美しい日本語であるかどうかはあまり意識しません。無理だからでもありますが、読み手にリズムや呼吸がうまく取ってもらえる文章を書きたいと、いつも願っています。

第7章　文章で稼ぐための必読33冊

残念ながら、次のように安易な自己陶酔を目にすることがあります。

《パンよりもペンの自由を選ぶジャーナリストはどれだけいるのだろうか。》（野中章弘「メディア変革の時代」＝野中章弘責任編集『ジャーナリズムの可能性』岩波書店）

パンを食えさえすればペンの自由が手に入るというものでは無論ありません。ましてや二者択一の問題ではさらさらない（両方なければ話にならない）ということに彼らは未だ気づけないでいるのですね。私には金正日《キムジョンイル》の作業服＆サングラス並みに不可思議なことです。

この章では、文章で稼ぐためにすぐに役立つ絶品本を紹介したいと思います。

◆ショウペンハウエル『**読書について**』(岩波文庫)

ひとことで言うと、〝本当にモノを考える人は、本など読んではいけない。本などバカが読むものだ〟と書いている本です。

当時にあっても極論ではあるものの、《大切なのは普通の語で非凡なことを言うことである》などと、キラリと光る一文があちこちにちりばめられています。1世紀半も前に書かれた本であるにもかかわらず、かなり読みやすい。1851年の時点ですでに、《匿名こそ文筆的悪事、とくにジャーナリズムの悪事一切の堅固なとりでではないか》とも言いきっています。マスコミや「読むこと」についての諸問題への答えは、この本の中に出尽くしていると言っても過言ではありません。

◆村上隆『**芸術起業論**』(幻冬舎)

文章は、タダで書くものと有料で書くものに分かれています。絵も、タダで描くものと有料で描くものに分かれている。日本にはたくさんの美術学校や芸術大学があるにもかかわらず、卒業しても学校の先生になるくらいしか道がありません。

作品をきちんと売り、美術でメシを食っていくことに関して日本の美術学校や芸術大学はまったく教えていないのです。どうやって絵を買ってもらい、美術家としてのマーケットを切り開いていくのかというあたりまえの話を、1分たりとも教えてはもらえないのですよね。その結果、日本では絵のマーケットがほとんど成立していません。せいぜい、たくさん賞を取ったような人の絵を役所が買ってくれる程度でしょう。

村上さんの絵は2006年、老舗《しにせ》オークション「サザビーズ」において1作品が1億円で落札されました。自分の芸術作品につき、マーケットを調べてきちんと売りながら仕事を長続きさせていく。

その方法論は、文筆の世界にも通じる発想であり技術です。

◆青島広志『作曲家の発想術』(講談社現代新書)

著者は作曲について《人間として、最低の尊厳も守られないような仕事》であると自虐的に表現しています。

作曲で食べていくことのおもしろさ、いかがわしさ、大変さが非常にユーモラスに描かれた本です。第3章では、2フレーズだけ思い浮かんだ詩をいかに1曲に〝でっち上げ〟ていくかという手法まで書かれています。いくつか思い浮かんだ短い言葉を大論文に仕上げていくようなことにも、通じる話でしょう。

◆佐藤優『国家の罠』（新潮社）

佐藤優さんは外務省の官僚（起訴休職中）であって文章の専門家ではありませんが、文章が非常にうまい。自分が体験したことを、読者に向けて物語化する力が抜きん出ています。

自分の職業や生活を通じて見聞したことを佐藤さんのように書ければ、同業者にも外部の人にも普遍的なおもしろさを伝えられます。文章の専門家にとってもそうでない人にとっても、1つの到達点でありお手本となる本です。「極端であること」のおもしろさが如実にあらわれています。

ブログ全盛の時代ですから、よほど著名である場合を除いて、今後は「長い文章を書ける」ライターしか生き残ってはいけないでしょう。新聞記者など会社勤めをしながら単行本を書く例としては、**◆大鹿靖明『ヒルズ黙示録』**（朝日新聞社）が参考になります。

◆向井透史《とうし》『早稲田古本屋日録』（右文書院）

10年間「古本屋稼業」をやっていると、これだけのエッセイ集が書けてしまうのですね。観察力と表現力を文章に生かせればこうなる、という見本のような本です。

◆南陀楼綾繁《なんだろうあやしげ》『ナンダロウアヤシゲな日々』（無明舎《むみょうしゃ》）

あまり売れない（失礼）編集者兼ライターが単行本を書くことによって仕事が増えていった、そのキッカケとなった一例として。

◆遠藤秀紀『解剖男』（講談社現代新書）

新書は、専門家が一般読者に向けてわかりやすく文章を書く分野だ（った）と言えます。自分がやっている仕事について、専門分野以外の人もおもしろく思えるように1冊の新書として書くことを、視野に入れておくと良いでしょう。

遠藤さんは獣医学博士であり、動物解剖学者です。文章がうまいだけでなく、文筆力向上の努力をずっと怠っていない方であることが、すぐにわかります。

本書は、単なる取材や調査で成ったものではなく、五感を総動員したドキュメントです。専門家にこれをやられたらライターは何をやったらいいの、という話でもあるわけですが、身体性を感じさせる文章の典型として格好のテキストでしょう。

若いライターが新書を手がけるとしたら、よほどぶっとんだテーマに挑む場合か、ゴーストライティングを引き受ける場合のほかは、タイムリーな話題を遅くとも2週間で書き上げる、という能力が求められてゆくと思います。

◆中谷彰宏『知的な男は、モテる。』（大和書房）

本屋で買ったり人前で読んだりするには、ちょっと恥ずかしい本です。

しかしながら、「とにかく、書き始めよう」「短い文章を、積み重ねよう」などとポイントがきっちり押さえられています。「全部書き尽くさないようにしよう」というのも、大事なことです。書き殴ったり途中で放り投げたりするのとは違い、腹八分目でぐっとこらえる。ほかにたくさん書きたいことはあっても、全部書こうと思わずに作品を完成させる。そういったノウハウが端的に書かれています。

◆鎌田浩毅『ラクして成果が上がる理系的仕事術』（PHP新書）

情報整理術や仕事術については、たくさんの本が出版されてきました。この本には、それらのエッセンスが、1冊に詰まっています。情報整理やアイデアの発想の仕方、アウトプットの仕方、仕事の仕方などに関して、すぐに使えるものばかりです。

◆谷沢永一『執筆論』（東洋経済新報社）

これまで200冊以上本を出してきたプロ中のプロが、どんな経緯で本を書く世界に入ったのかを、ていねいに書いた本です。名コラムやベストセラーをどうやって作り出すかということについても、露骨なまでに描かれています。

◆内田樹《たつる》『態度が悪くてすみません』（角川oneテーマ21）

内田さんは2000年以降、爆発的に大量の本を書き始めました。なぜ以前は本を書いていなかったのか。理由は簡単で、彼が子育てに一生懸命だったからです。子育てが一段落したので、それまでかけていたエネルギーを執筆に向けるようになったわけですね。内田さんはブログに書いた文章を本にまとめることが多い方ですが、この本は雑誌や新聞に発表した原稿をまとめたものです。

内田さんは依頼原稿について、《ブログに書いている限りは決して選択することがなかったはずの主題について考えることができた》と言っています。ブログでは文章のテーマを自由に設定できる。しかし逆に言うと、自らテーマを設定しなければ文章を書きえません。一方注文原稿には、自分1人では問題設定しなかっただろうと思われるテーマが多いものです。

人から依頼されて書いたり、知り合いや上司、部下、家族から質問されたりしたことをきっかけに文章を書くことは大いにアリだと思います。トスバッティングをするよりも、ボールをピッチャーから投げてもらって打つほうが楽しいですよね。

自分に投げられたボールは、努力を惜しまず文章として打ち返していきましょう。

◆リンダ・シーガー『アカデミー賞を獲る脚本術』（フィルムアート社）

「物語力」は、ライターに限らずどの分野でも必要とされます。

《ひねりは、転換とは別物だ。ひねりでは、それまで予測していたことが、実は違っていたと突然分かる。〔中略〕優れたひねりとは、頭で分かるというより、腹の底でズシッと感じるものだ》という記述が、私にはとりわけ印象的でした。ついでに、アマゾンがこの本と「抱き合わせ」で売っていた**『映画ライターズ・ロードマップ――〈プロット構築〉最前線**

の歩き方』（ウェンデル・ウェルマン著、フィルムアート社）も注文してしまいました。にっくきアマゾンの思う壺です。

◆和田秀樹『大人のための文章法』（角川oneテーマ21）

いま日本で最も多くの文章を書いているのは、中谷彰宏さんと和田秀樹さんでしょう。彼らは年間50冊以上も本を書いています。どうしてそんなにたくさんの本を書けるのかというと、《仕事を断らず、頼まれたものをすべて書いているから》です。

それだけでは、ないのでしょうが——。

たくさん書くことによって、きっと何かの変化が起きるのでしょう。つまり、インプット量とアウトプット量がほとんどイコールに近づいているのではないかと思います。効率の最大化ですね。インプットしたものをただ垂れ流すわけではなく、瞬間加工業のように合理的にアウトプットしていく様子がよくわかる本です。

◆立花隆『「知」のソフトウェア』（講談社現代新書）

和田さんや中谷さんとは逆に立花隆さんは、インプットが100あればアウトプットは

1にとどめるという、古典的な知的生産の人です。

和田さんがアウトプットのトップランナーだとすれば、立花さんはインプットの王者でしょう。和田さんと立花さんを見比べると、現在の自分がアウトプット型なのかインプット型なのかを確かめることができるでしょう。

◆山田ズーニー『伝わる・揺さぶる！文章を書く』(PHP新書)

山田さんは小論文通信教育の企画・編集・プロデュースに携わっていた方です。この本は、かゆいところまでしっかり手が届きます。

おもしろくてためになる箇所の一例として、本書の第5章（要約の妙について、P131）に一部を引用しました。

◆福田和也『ひと月百冊読み、三百枚書く私の方法』(PHP文庫)

同『ひと月百冊読み、三百枚書く私の方法2』(PHP研究所)

大量に読んだり大量に書いたりしている人には、文筆のノウハウがおのずと蓄積されていきます。それも「極端さ」のあらわれですね。

この本に書いてあることのうち最低10個は即日、採り入れましょう。他人のアイデアはフムフムとただ読み流すのではなく、すぐ使うべきです。

使えないアイデアは、アイデアではありません。

◆**板坂元『考える技術・書く技術』**（正・続、講談社現代新書）
考えることには技術があると示した、古典的名著です。

「考える」とは日本語で最もよく使われる言葉であるにもかかわらず、考えることに関するハウツー本はほとんどありませんでした。私自身、文筆の世界に入って真っ先に読んだ教科書中の教科書です。

◆**佐藤郁哉『フィールドワークの技法』**（新曜社）
フィールドワークは、まったくもって取材と同じです。エスノグラフィー（民族誌＝端的に言うと取材全体マイナス文献取材）に偏ると「ルポ」になる。

自分の体験を織り交ぜながら書く手法も、（方法論に関する本だけに）好感がもてました。自分ができないことを読者に要求していない、という意味です。

◆日垣隆『売文生活』（ちくま新書）

なぜ文章が売り買いされるようになったかということについて、実証的に書かれた一書です。

◆山内志朗『ぎりぎり合格への論文マニュアル』（平凡社新書）

文字通り「ぎりぎり」だった大学生の長男にこの本をプレゼントしたところ、本当に次々と小論文の課題をクリアできるようになりました。多謝。

◆丸山健二『まだ見ぬ書き手へ』（朝日新聞社）

新しい書き手よ出でよ！　というアジテーション本です。すでに文章を書いている人もこれから文章を書きたいと思っている人も、この本を読むと元気になるでしょう。一部を紹介しますね。

《自分は果たして書くに値するものを持っているかどうかというところから始めてはならないということです。〔中略〕そんなことにいつまでもこだわって、本気で悩んでしまう

ようでしたら、才能はない。》
《何を書くかと悩む前に、筆が勝手に走り出し、自分は一体何を書こうとしているのだろうかと疑いながらも、筆の動きがとまらないというようなことにでもなったなら、迷うことなくこの世界へ飛び込んでください。》

◆小池和男『聞きとりの作法』（東洋経済新報社）

小池さんは労働経済学の専門家です。

ライターに限らず学者でも専門家でも広報マンでも学生でも、モノを調べていくときには聞き取り調査をしなければなりません。聞き取りに際して、どんな仮説を立ててどんな質問をしていけば良いのか。小池さんは長年企業への聞き取り調査で積み重ねてきたノウハウを、この本ですべて開陳しています。

どんな仕事にも応用でき、非常に汎用性の高い本です。

◆『見城徹　編集者　魂の戦士』（ＫＴＣ中央出版）

良い文章とは、著者によれば――。

まず大事なのは、①自分らしいということ、②文章が生き生きとしていること、③必ず何か発見があるということ。

母校である小学校に出向いた授業で、著者はこう言います。

《文章をちゃんと書ける子って、やっぱりどこか変わっているんですよ。変わっているというのはいいことなんですよ。編集者というのは、変わった人にしか興味がないんですよ。ふつうにしていても、どこかではみ出しちゃうものがある。こぼれ落ちちゃうものがあるから、人は表現するんでね。》

そして、こう断じます。

《苦しいことがまったくなかったら、ものを書く必要はない。》

◆野口悠紀雄『ゴールドラッシュの「超」ビジネスモデル』（新潮社）

ネット上で文章を書いたり商売をやったりしていこうと思う人は、ぜひお読みください。1807年に文章を書くことと、2007年に仕事の報告書を書いたりネットで何かを売ったりすることの意味は、明確に異なります。現代において文章を発信することが、歴史的に見てどういう位置づけになっているのか。そのことを知るための良質な参考書です。

◆**梅田望夫《もちお》『ウェブ進化論』**（ちくま新書）

よくできた本です。

前衛に位置し続ける著者の矜持《きょうじ》と興奮がビンビン伝わってきます。ネットの近未来に興味がある皆さまには、ぜひ読んでいただきたい。

わざわざお断りするまでもないことですが、本書の基本的枠組みが「恫喝《どうかつ》」にあることは、しっかり踏まえておいたほうが良いでしょう。インフルエンザがそれなりに恐ろしいものである事実を認識することと、無知ゆえパニックに陥ることとは、まったく別であるのと同様です。敵の正体や時代の流れを知れば、個人的に防御前進する道も見えてきます。逆に「あんなものは大したことがない」と無前提に言いきるのは非常に危険です。また、全体状況がこの本のとおりであると認識することと、自分がその中で処方箋を見出すこととは、まったく矛盾しません。

本書は、現代日本で「書く人たち」にとって痛切でリアルな問題提起をたくさん含んでいます。

◆勝吉章『月1千万円稼げるネットショップ「売れる」秘訣は文章力だ！』（ナツメ社）

著者は50歳を過ぎてからパソコンを覚え、ネットショップを開設した方です。

ネットショップでは、うまい宣伝文句を書いて商品を買ってもらわなければなりません。文章そのものを売るわけではありませんが、文章次第で商品が売れたり売れなかったりします。ネットショップでモノを売る秘訣は、文章力にあると著者は断言します。私も、読んでナルホドと思いました。

ある言葉を、漢字で書くか、ひらがなで書くか、交じり書きするか、と迷ったときにも本書は便利です。

◆歌川令三『新聞がなくなる日』（草思社）

日本のインターネット元年と言われる1996年から、すでに10年が経ちました。

この10年、旧来の新聞メディアの周辺がどれくらい変わってきたのでしょうか。もともとは新聞業界にいた著者が、旧メディアについてリアルにえぐった本です。韓国のネットメディア、オーマイニュースについても詳しくレポートされています。

◆**小林雅一『コンテンツ消滅』**（光文社ペーパーバックス）

音楽やゲーム・アニメにとって、ネットがいかに恐ろしいものであるかを知るための1冊です。

アニメやゲームソフト、パッケージ音楽の登場は、長い人類の歴史から見ると大変な進歩でした。ところがここ数年でそれらは、一気に売れなくなってしまいました。音楽はネットからダウンロードできるので、CDは今や全然売れません。文章の世界にも同じような怖さがいずれやってくるでしょうし、すでに起き始めているとも言えます。注意すべきは、音楽そのものが聞かれなくなったわけではなく、ゲームそのものが廃《すた》ってしまったわけでもない。アニメがまったく観られなくなったわけでもなければ、文章がまったく読まれなくなったわけでもないということです。

パッケージの方法も含め、どういう売り方をすれば良いのか。売り手がなすべきプレゼンテーションがダイナミックに変化しています。ネットメディアの変化が著しい現在、音楽もゲームもアニメも文章も、対処を間違えてしまうと大変なことになります。

◆ウンベルト・エコ『論文作法』（而立書房）

副題に「調査・研究・執筆の技術と手順」とあります。論文作成の技術について網羅的に述べた本です。

多くの論文作法本は、日本語で文章を書くことについてのテキストでした。この本はイタリア人が書いているということもあり、ドメスティックな議論は一切入っていません。文章を書くこと、とりわけ論文を書くことに関しての世界標準をきっちり押さえています。

◆講談社校閲局編『日本語の正しい表記と用語の辞典』（講談社）

プロの校正マンが使っている本です。この1冊を使いこなせれば、校正は一人前と言って良いでしょう。

◆三省堂編修所編『新しい国語表記ハンドブック』（三省堂）

①異字同訓（「越える」「超える」など）、②同音異義語（「反面」「半面」など）、③書き間違いやすい漢字、④敬語についてとても便利にまとまっています。しかも460円＋税という驚くべき安さです。

◆日本エディタースクール編『校正記号の使い方』（日本エディタースクール出版局）

校正のルールを勉強するには、これ1冊で充分でしょう。2色刷りで、どう朱入れすれば良いのかが一目瞭然です。

あとがき

仕事をする、というのは稼ぐことと同義です。まったく同義であるにもかかわらず、仕事と言えば拍手され、稼ぎたいと言えば怪訝《けげん》な顔をされるのは、実に不可思議な日本的現象ですね。

文筆業界でも、専業作家ほど「文章で稼ぐ」ことに対する自虐ないし蔑視のような感情が未だ残っており、それはただの嫉妬ではないかと思われます。そういう人たちは放っておいて、サラリーマンや主婦や自営業者や学生やフリーターが兼業的に書くことで「もう一つの仕事をもつ」のは、なかなか楽しいことでしょう。

100万円ばかりの原稿料や印税を毎月稼いで専業作家として自由に書きつつ家族を支えていくことは困難ですが（それくらいでは取材費や遊興費もろくに出ないという意味で

す）、別の職業をもっている人が文章で数万円の小遣いを稼ぐのは造作もないでしょう。これは能力の問題ではなく、技術と目的と動機の問題です。

お断りするまでもなく本書は、名文や美文を指南する本ではありません。そんなものを私が書けるどころの話ではなく、大先輩が書いたもの（『文章読本』のようなやつ）を読んだって理解できないでしょう。たとえ間違って理解したとしても、名文や美文など書けるものではありません。

居直り的に言っておけば、日本で美文と評価されるものの実態は、実は漢文調崩れのことなのではないか。そして名文とは、誰もがなんとなく思っていることを短いセンテンスで言い切りつつ、全体としてスムーズに流れて飛躍をせず、読者を高みに連れて行ってくれる文章のことだと思われます。

私などには、とてもそんな芸当はできません。前述の定義での名文くらいなら書けるような気（あくまでも気）もしますが、私は文章の流れをよく飛躍させますので、名文というふうには、その点だけからしても呼ばれません。少なくとも私にとって文章の飛躍（接続詞なしで違う話題や次元に飛ぶ）は、思考を深めるためにどうしても必要な作業です。もちろん、飛躍したあとで、必ず戻ってこられる回路を開こうと常に思っています。戻ってこられなければ、その飛躍はただの突撃自爆です。

さて、私が全文を書いて毎週配信している有料メルマガ「ガッキィファイター」の読者限定で、「すぐに役立つ文章講座」というものを東京都内で開催しました。そのときの私の話や、メモや、参加者からの質疑応答や、参加者が提供してくださったサンプル文をもとに、とても実践的な「全記録」が仕上がっていました。

講座の参加者と、そして実践的な文章を提供してくださった方々に心から感謝申し上げます。

その「全記録」を何度も何度も（！）書き直してくれたのはライターの荒井香織さんです。

文章術の本であるにもかかわらず、話しているようになっているのは、私のせいではありません。冗談です。文章術の本を、話すように仕上げられたらと私が望んだのでした。
ちなみに、完全な「語り下ろし」と言えるのは、何章かわかりますか？
こんなところでクイズを出している場合ではありませんが、答えは、おそらく意外にも、第7章「文章で稼ぐための必読33冊」です。

本書はそれらを核として、大幅に削除し改稿し加筆して、生まれ変わりました。メルマガで書いたものも一部収録されていますし、もちろん書き下ろした部分もたくさんあります。

これらの「ちょっと多すぎる素材」を前に、ああでもないこうでもないと構成を考えているとき、第2章から第4章までを初級‐中級‐上級編に仕立てようと思い立ち、その後は一気に（半日くらいで）作業が進みました。初級や上級といっても、習熟度や経験年数のことではなく、あくまで稼げるかどうか、という一点に絞りました。

それらの各論を、第1章と第5章のノウハウ的な総論で挟み、第6章だけはライター向けに実際やったQ&Aを基に、そして必読文献リストを付けよ（付けていただければ幸いです、かな）という幻冬舎の小木田順子さんの強い要請により第7章が成りました。

『すぐに稼げる文章術』とは、よりによってまた、えぐいタイトルですよね。またしても責任から逃げるようでいけませんが、このタイトルを最初に考えて最後まで通してしまったのも私ではありません。小木田さんです。

よく考えてみれば、実際のところ私にとって文章は、お金を払って読んでもらうという以外の意味をもっていません。そういう職業的な体質を骨の髄までもった俗人です。だから、こういう本を書き上げるのは楽しい作業でした。本当のところタイトルは、ずっと気恥ずかしい感じでしたけれども、俗人なら、いつまでも恥ずかしがっていてはいけませんね。

お役に立てれば、それだけで幸甚です。

二〇〇六年　雪待月

日垣　隆

著者略歴

日垣　隆《ひがきたかし》

一九五八年、長野県生まれ。東北大学法学部卒業。
作家・ジャーナリスト。新聞・雑誌・書籍のほか、
会員数二〇〇〇人を超える有料メルマガ（週刊）発行、
ラジオ番組のホスト、海外取材等、多方面で活躍。
『そして殺人者は野に放たれる』（新潮文庫、新潮ドキュメント賞受賞）、
『父親のすすめ』（文春新書）、『知的ストレッチ入門』（大和書房）など著書多数。
公式サイト「ガッキィファイター」http://www.gfighter.com/

幻冬舎新書 14

すぐに稼げる文章術

二〇〇六年十一月三十日　第一刷発行
二〇〇八年 十 月 十 日　第四刷発行

著者　日垣 隆
発行者　見城 徹
発行所　株式会社 幻冬舎
〒一五一-〇〇五一 東京都渋谷区千駄ヶ谷四-九-七
電話 〇三-五四一一-六二一一(編集)
〇三-五四一一-六二二二(営業)
振替 〇〇一二〇-八-七六七六四三
ブックデザイン　鈴木成一デザイン室
印刷・製本所　株式会社 光邦

Printed in Japan ISBN4-344-98013-1 C0295
ひ-1-1
幻冬舎ホームページアドレス http://www.gentosha.co.jp/
*この本に関するご意見・ご感想をメールでお寄せいただく場合は、comment@gentosha.co.jp まで。

幻冬舎新書

浅羽通明

右翼と左翼

右翼も左翼もない時代。だが、依然「右―左」のレッテルは貼られる。右とは何か？　左とは？　その定義、世界史的誕生から日本の「右―左」の特殊性、現代の問題点までを解明した画期的な一冊。

小浜逸郎

死にたくないが、生きたくもない。

死ぬまであと二十年。僕ら団塊の世代を早く「老人」と認めてくれ――「生涯現役」「アンチエイジング」など「老い」をめぐる時代の空気への違和感を吐露しつつ問う、枯れるように死んでいくための哲学。

清水良典

2週間で小説を書く！

画期的！　小説の楽しみと深さを知り尽くした文芸評論家が考案した14のプログラムを実践することによって、確実に小説を書く基礎である文章力、想像力、構想力を身につけることができる本!!

手嶋龍一　佐藤優

インテリジェンス　武器なき戦争

精査・分析しぬかれた一級の情報《インテリジェンス》が、国家の存亡を左右する。インテリジェンスの明らかな欠如で弱腰外交ぶりが顕著な日本に、はたして復活はあるのか。二人の気鋭の論客が知の応酬を繰り広げる。